中国贸易开放的多维经济效应研究

陈太明/著

本书为国家自然科学基金青年科学基金项目（71403044）和辽宁省高等学校创新人才支持计划项目（WR2018019）的阶段性成果，作者感谢上述项目的资助

科学出版社

北 京

内 容 简 介

本书从理论和实证两个方面综合考虑中国经济的诸多现实因素，以科学分析中国贸易开放的多维经济效应，分别考察了贸易开放对经济波动、消费过度敏感性和地方政府规模的影响及其作用机制，并在此基础之上，基于地方政府规模的视阈系统研究了经济波动通过地方政府规模膨胀的渠道对经济增长的间接影响。

本书既可以作为经济与管理相关专业的高校师生、理论工作者等专业人士的研究参考书，也可以作为从事经济管理的政府部门工作人员的决策参考书，还可以供那些对经济理论与经济政策问题感兴趣的企业家与普通读者阅读。

图书在版编目（CIP）数据

中国贸易开放的多维经济效应研究 / 陈太明著. —北京：科学出版社，2020.12

ISBN 978-7-03-064922-5

Ⅰ. ①中… Ⅱ. ①陈… Ⅲ. ①国际贸易–研究–中国 Ⅳ. ①F752

中国版本图书馆 CIP 数据核字（2020）第 068441 号

责任编辑：邓 娴 / 责任校对：贾娜娜
责任印制：张 伟 / 封面设计：无极书装

科学出版社 出版
北京东黄城根北街 16 号
邮政编码：100717
http://www.sciencep.com
北京凌奇印刷有限责任公司 印刷
科学出版社发行 各地新华书店经销
*
2020年12月第 一 版 开本：720×1000 B5
2022年12月第二次印刷 印张：8 3/4
字数：176 000

定价：79.00 元

（如有印装质量问题，我社负责调换）

目　录

第1章 导 论

改革开放之前的二十多年当中，中国的计划经济体制带来了利弊参半的结果（Riskin，1987；Naughton，1995；Lin，2013），经济社会到了崩溃的边缘。为了促进经济发展，中国领导人解放思想，实事求是，在坚守社会主义立场的同时，官方和民间改革并举，致力于打造中国特色社会主义市场经济（Coase and Wang，2012）。作为改革开放开始的标志，1978年12月召开的中共十一届三中全会，将中国人民的热忱、能力和创造力从阶级斗争重新拉回到社会主义现代化建设上。作为举世瞩目的伟大变革，改革开放深刻改变了中国，经济持续了三十多年的高速增长。但更重要的是，改革开放以来，中国的贸易开放程度逐步而有序地扩大，尤其是成功加入世界贸易组织（World Trade Organization，WTO）之后，伴随着贸易开放程度的日益加深，贸易开放更是进入了新一轮的加速阶段，并且取得了实质性的突破。然而，中国宏观经济运行自2012年开始却逐渐呈现了经济增长速度明显放缓的困境，已经步入中高速增长的“新常态”，引起了全世界的广泛关注。为了把握和引领经济“新常态”，中国于2013年提出建设“一带一路”倡议，并于2017年将推进“一带一路”建设写入党章，与此同时，中国经济也发生了实质性的变化，开始逐渐凸显出这样或那样的问题，如各类市场经济主体都面临较之前更大的外部风险、疲软的居民消费存在过度敏感性（Deng and Jin，2008；Xu，2009）、政府机构的规模日益膨胀（高楠和梁平汉，2015）、已步入“新常态”的中国经济存在陷入中等收入陷阱的危险。

当今世界尤其需要稳定的中国经济。2008年爆发的全球金融危机对中国宏观经济产生了严重的不利冲击，加剧了经济波动，其影响中国宏观经济的一个重要渠道是国际贸易，这昭示了贸易开放与中国经济波动存在某种显著的联系。党的十九大报告把“防范化解重大风险”视为全面建成小康社会决胜期的首位攻坚战。随着“一带一路”的深入推进，贸易开放将不断加深，中国将处于风险与机遇并存的关键期，为了防范经济大幅波动的风险，研究贸易开放加剧经济波动的作用机制及其对策具有十分重要的现实意义和丰富的政策含义。找到了贸易开放加剧中国经济波动的作用渠道，就能够设法化解贸易领域相关的风险，也就防范了它与其他风险的叠加，最终避免重大风险的出现，为政府防范化解重大风险进而稳增长提供明确的政策切入点，这不仅丰富了现有关于贸易开放与经济波动关系的文献，而且能够促进我们更好地理解涉外经济部门对国内宏观经济运行的影响，还有助于在“新常态”下增强中国经济增长的稳定性。

中国经济发展的基本立足点和长期战略是坚持扩大内需，建立扩大消费需求的长效机制，但曾出台的一系列有针对性的政策效果却不理想，居民消费疲软现象仍然普遍存在。究其原因是影响中国居民消费行为的变化有更深层次的潜在因素，消费过度敏感性就是其中至关重要的一个因素。中国城乡居民消费都存在明显的过度敏感性（Luo，2007；Deng and Jin，2008）。中国经济的可持续发展亟待扩大内需，而扩大内需则亟须矫正消费的过度敏感性，因此必须更好地理解居民消费存在过度敏感性的原因。已有研究文献把居民消费的过度敏感性归因于消费者短视、流动性约束和不确定性（王合绪和夏阳，2000；宋冬林等，2003；申朴和刘康兵，2003；艾春荣和汪伟，2008），但并未取得共识，国际研究表明贸易开放会影响居民消费过度敏感性（Ostergaard et al.，2002；Dejuan and Luengo-Prado，2006；Xu，2009）。从对中国经济现实的观察发现，1978年以来的对外开放政策及2001年加入WTO使得对外开放在居民消费中扮演着越来越重要的角色，但对于对外开放如何影响居民消费过度敏感性这一问题，我们依然知之甚少。我们需要提出的问题是，对外开放如何影响了居民消费过度敏感性，其是否构成了居民消费过度敏感性的原因？进一步地，中国在通过扩大内需走向经济持续发展的道路上，需要什么样的政策手段？如果对外开放的确影响了居民消费的过度敏感性，那么要想矫正居民消费的过度敏感性以有效扩大消费需求，进一步深化贸易领域的改革将会是必然的选择。

中国对外贸易自改革开放以来经历了四十多年的快速增长，与此同时，地方政府的规模也不断膨胀。中国地方政府在预算管理和经济决策等方面的自主权越来越大，从省级政府消费名义值的平均值来看，1978~2013年的36年间，政府消费额年均增长17.80%。省级政府规模的平均值从1978年的8.54%上升到2013年的14.49%。同时，中国对外贸易快速增长，进出口总额的名义值在这36年间年均增长4.49%。贸易开放度从1978年的9.74%增加到2013年的45.28%，2013年的进出口占国内生产总值（gross domestic product，GDP）的份额演变为改革开放之初1978年的近5倍。那么，贸易开放度的提高是否确切导致了中国地方政府规模的日益膨胀呢？这一领域的最重要文献Rodrik（1998）提出了补偿假说（compensation hypothesis）：贸易开放导致一个地区经济会面临更大的外部风险，需要更大规模的地方政府通过补偿扮演降低风险的角色以保持经济稳定。然而，另一篇很有影响力的国外文献Alesina和Wacziarg（1998）却对此提出质疑，他们认为贸易开放与中国地方政府规模之间的正相关性可能只是假象，人口规模同时与贸易开放和地方政府规模的负相关性可以解释贸易开放与中国地方政府规模的正相关性，人口规模在两者关系中起着关键的居间驱动作用。中国实行世界上独一无二的计划生育政策，但随着医疗技术的进步和居民保健意识的提高，人口规模依然保持逐渐增长的态势，总人口数从1978年的96 259万人上升到2013年的136 072万人，36年之间总人口年均增长0.99%①。2016年全面二孩生育政策的落实会进一步促进人口规模的增长。在这样的现实背景下，探讨人口规模在贸易开放与地方政府规模之间关系中是否起着关键的驱动作用必然具有突出的政策指导意义。这一问题的答案，将会关系到伴随中国人口规模的扩张，贸易政策和财政政策的协调与指向是否需要做出调整。

中国政府为了应对全球金融危机对中国经济的不利冲击，出台了应对金融危机的一揽子计划，但中国宏观经济增速放缓的迹象日益凸显，2014年更是降至7.4%，现已步入中高速增长的“新常态”，那么由此引发的重要问题是：政府规模是否在经济波动与经济增长之间关系中扮演了重要角色？就中国的经验证据来讲，有学者认为政府部门所占的资源越多，私人部门能获得的资源就越少，前者挤压了后者（白重恩，2016）；政府规模持续扩张可能引发行政效率低下、挤出效应等一系列负面影响（申琳和马丹，2007；周黎安和陶婧，2009；杨子晖，2011；郭长林，2016），最终损害经济增长（Li et al.，2000；王小鲁，2000；杨灿明和赵福军，2004；刘勇政和冯海波，2011）；经济波动会给经济增长带来显著的负面影响（卢二坡和曾五一，2008）。因此，可以预期经济波动可能导致了中国地方政府规模的不断膨胀，进而不利于经济增长，即三者之间可能存在因果关系。

纵观贸易开放的影响效应研究领域已有国内外文献的主要结论，贸易开放会通过物质资本和人力资本的积累及技术外溢最终促进经济增长（Frankel and Romer，1999；沈坤荣和李剑，2003；盛斌和毛其淋，2011）已经几乎成为共识，然而，贸易开放对经济波动、消费过度敏感性、地方政府规模的影响及其间接的经济效应和作用机制却仍不明朗。鲜有文献深入探讨贸易开放对短期经济波动、居民消费行为、地方政府行为的影响及对长期经济增长的间接影响。据此，本书拟从理论和实证两个维度对上述关键问题进行深入的研究。具体来讲，本书首先阐释贸易开放影响经济波动、消费过度敏感性、地方政府规模与经济增长的理论机制，然后利用中国省级样本构建静态和动态面板数据模型来识别和检验其因果性影响及作用机理，进而基于稳健的实证分析结果和定量模拟结果，为“新常态”和“一带一路”倡议快速推进的背景下稳定中国经济增长及“稳中求进”提供具有科学依据的应对之策，对于避免中国经济落入“中等收入陷阱”，进而实现中国

① 原始数据来源于《中国统计年鉴 2014》，经作者计算得出。

经济的可持续发展具有十分重要的现实指导作用。

本书主要分为两个部分，总共包括五章。第一部分为第1章导论，这一部分对本书各章之间的起承转合进行了系统的梳理，为后文研究提供了研究基础。第二部分为主体部分，包括第2~第5章，这一部分综合考虑中国经济的诸多现实因素以科学分析中国贸易开放的多维经济效应，首先考察了贸易开放对经济波动的影响及其机制，其次研究了贸易开放对消费过度敏感性的影响及其机制，最后分析了贸易开放对地方政府规模的影响及其机制，并在此基础之上，基于地方政府规模的视阈，从理论和实证层面系统研究了经济波动通过地方政府规模膨胀的渠道对经济增长的间接影响。

本书所采用的分析方法是标准的经济学方法，主要包括宏观经济学、国际经济学、微观经济学、计量经济学，在某些章节还采用了规范的数理经济学。本书是一本学术专著，为了便于普通读者了解本书的主要内容，本书以文字叙述、数字表格与几何图形的方式加以多元化的呈现。

本书各章节之间既紧密关联，又相对独立，所以读者也能够选择自己感兴趣的章节进行细致的阅读。本书各章的结构和内容安排如下。

本章为导论，主要介绍本书的总体内容，具体包括了本书研究内容的理论和现实意义，采取的主要研究方法和研究思路及接下来的章节结构安排。对于经济学专业读者而言，本章能够将各章内容衔接起来，有助于洞悉本书其他各章之间的逻辑联系。对于非经济学专业读者而言，完全可以着重阅读本章，即使不太了解经济学知识也能够读懂大部分内容。

本书第2章在推进“一带一路”建设写入党章的背景下，从理论和实证两方面考察贸易开放影响经济波动的作用机制。该章首先从理论上对贸易开放、贸易条件风险、出口市场多元化与经济波动的交互作用机理进行阐释，然后构建检验贸易开放影响经济波动作用机理的面板模型，采用中国省级面板数据，基于普通最小二乘（ordinary least square，OLS）法、固定效应（fixed effect，FE）和两阶段最小二乘（two stage least square，2SLS）法多种估计方法系统检验贸易开放对中国经济波动的因果性影响机制，测算贸易开放经由贸易条件渠道对经济波动的边际影响，解决核心变量可能存在的内生性问题，识别因果性关系并展开多维视角的稳健性检验，进而基于稳健的估计结果和实际样本数据定量模拟分析贸易开放对中国经济波动的净效应，最后还深入考察了出口市场多元化对贸易开放加剧效应的调节作用，进而为未来宏观经济政策的制定提供决策参考。理论研究发现，贸易开放程度越高，地区遭受贸易条件冲击时越脆弱，面临的贸易条件风险越大，进而通过贸易条件渠道加剧了经济波动；同时还经由其他剩余渠道缓解了经济波动。基于中国省级层面的面板数据对其作用机制进行实证检验，考虑了内生性可能的稳健性回归结果表明，尽管贸易开放缓解经济波动的多维渠道难以分解，但其经由剥离出来的贸易条件渠道确切加剧了经济波动。贸易开放的净效应取决于其加剧效应和缓解效应的相对力量对比，定量模拟分析发现，进一步的贸易开放将减小中国经济波动。最后该章发现，出口市场多元化程度越高的省份[①]，贸易开放的加剧效应越小。因此，依托“一带一路”倡议，积极开拓更多的“一带一路”沿线国家市场，促进中国出口贸易对象的地理分布更加分散化，有助于在收获贸易开放益处的同时防范化解其贸易条件风险，这对于“新常态”下稳定中国经济增长至关重要。该章的研究结果为落实“一带一路”倡议和推动形成全面开放新格局提供了理论依据、实证支持和政策启示。

第3章为贸易开放对中国消费过度敏感性的影响。该章首先利用中国省级层面城乡面板数据实证考察中国省级城乡居民消费过度敏感性的变动，进而通过其变动来厘清究竟哪个层面的经济状况是造成中国省级城乡居民消费存在过度敏感性的主要原因，然后结合中国经济实际情况对封闭经济约束假说进行理论拓展分析，探讨贸易开放通过影响国内市场分割程度最终对省级居民消费过度敏感性的影响，并对拓展后封闭经济约束假说进行经验验证。具体来讲，使用省级层面的城乡居民消费和收入面板数据系统研究城乡居民消费过度敏感性的变动，结果表明省级城乡居民消费存在过度敏感性，但一旦剥离了全国层面城乡居民消费和收入的总体波动之后，消费过度敏感性明显降低，居民消费过度敏感性变动意味着省级城乡居民消费的过度敏感性主要是由全国层面经济状况而非省份特定经济情形所致，中国与其他国家之间的开放程度弱于国内各省份之间的开放程度导致省级居民消费存在明显的过度敏感性。该章结合中国经济现实对国外已有研究文献的封闭经济约束假说进行拓展，提出了一个适合从经济开放视阈解释中国居民消费过度敏感性的理论假说，该拓展后假说认为经济开放在预知消费过度敏感性变动方面具有重要作用，随着经济开放程度的提高，居民消费过度敏感性会呈现先上升后下降的非线性态势。使用省级城乡居民消费、收入、贸易开放、金融开放面板数据及两个工具变量2SLS方法对拓展后的假说进行实证检验，实证结果表明经济开放对居民消费过度敏感性确实存在显著的倒“U”形影响，当经济开放程度较低时，经济开放会加剧消费过度敏感性，而当经济开放程度超过某个临界值之后，进一步的经济开放会缓解消费过度敏感性，这表明该拓展后的假说得到了证实。

第4章为贸易开放对中国地方政府规模的影响。该章使用中国省级面板数据，基于不同的模型设定（引入不同控制变量的面板模型）、不同类型的样本数据（年度数据、5年平均数据、10年平均数据）、不同的估计方法（FE、2SLS）及不同的内生性处理策略（滞后期工具变量、外部工具变量、解释变量滞后一期、解释变

---

① 本书中的省份包括省、自治区、直辖市。

量取初始值、基于更长时序的虚拟变量法），首先实证考察了人口规模是否在贸易开放与中国地方政府规模之间的关系中起着关键的驱动作用，然后系统检验了贸易开放与中国地方政府规模之间的因果效应。具体而言，该章基于补偿假说和驱动假说，运用省级面板数据全面客观地考察贸易开放、人口规模与中国地方政府规模的关系。基于年度、5年平均和10年平均三种不同类型样本数据的研究结果显示，贸易开放对中国地方政府规模具有非常显著的正向影响；人口规模对地方政府规模的影响则不确定；人口规模对贸易开放存在显著的正向影响。进一步地，采用滞后期工具变量、外部工具变量、基于更长时序的虚拟变量等多种内生性处理方法的估计一致发现，贸易开放对中国地方政府规模的正向影响是因果性的。因此，贸易开放是直接推动中国地方政府规模膨胀的一个重要原因，人口规模并未在两者关系中起着关键的居间驱动作用。该章的研究结论表明，伴随“一带一路”和自由贸易区（以下简称自贸区）建设的有序推进，适度提高地方政府在民生领域的支出规模可能将势在必行。

第5章为经济波动、地方政府规模与中国经济增长。该章首先通过构建理论模型，从理论层面分析经济波动、地方政府规模与经济增长之间联系的作用机理，然后在理论模型推理基础上，构建计量模型并详细说明实证方法、变量设计和内生性问题，从省际宏观层面实证考察样本期间上述作用机理在中国的具体表现，进而对估计结果加以解释与分析，并进行多维度的稳健性检验。具体来讲，该章通过构建政府和私人部门的差异化生产函数，求解公众选择就业于两部门的最优结果，从理论上分析经济波动、政府规模与经济增长的内在逻辑，并基于三阶段最小二乘（three stage least square，3SLS）法对中国省级样本进行实证分析。结果表明，当经济波动加剧时，公众会要求地方政府提供更紧密的公共安全网以获取保护，其对就业部门的选择也受到影响，更偏好较私人部门更稳定的政府部门的工作，导致了地方政府规模的扩张，进而更多的稀缺资源从生产性的私人部门撤出，资源配置效率降低，经济增速回落。上述结论在不同的滤波方法、样本区间、估计方法下均十分稳健。这说明经济波动增加了公众对政府部门工作和公共物品的需求，进而通过影响政府规模间接造成经济增速换挡，是经济波动影响经济增长的一个被遗忘的重要机制。中国经济进入“新常态”一定程度上源于地方政府规模的不断膨胀，因此要想保持中国经济持续运行在合理区间，一个重要的政策手段是推进就业部门结构的转变以控制地方政府的规模。

第2章 贸易开放对中国经济波动的影响

经济全球一体化的大环境下，无论是国际经济，还是中国经济，均面临诸多的不确定性，然而，当今世界尤其需要稳定的中国经济。2008年爆发的全球金融危机对中国宏观经济产生了严重的不利冲击，加剧了经济波动，其影响中国宏观经济运行的一个重要传导途径是国际贸易，这昭示了贸易开放与中国经济波动之间存在着某种显著的内在联系。在全球经济面临长期低迷困境、中国经济于2012年进入“新常态”的大背景下，为了更好地适应、把握和引领经济“新常态”，中国于2013年提出建设“一带一路”的倡议。2015年国务院印发《国务院关于加快培育外贸竞争新优势的若干意见》指出，全面提升与“一带一路”沿线国家经贸合作水平，包括深化贸易合作。2018年《政府工作报告》也指出“推动形成全面开放新格局”“推进‘一带一路’国际合作”。党的十九大将推进“一带一路”建设写入党章，党的十九大报告强调“要以‘一带一路’建设为重点”“形成陆海内外联动、东西双向互济的开放格局”①。伴随着“一带一路”的强势而深入的加速推进，中国的贸易开放必将不断加深，面对复杂多变的国际经济形势，中国经济也必将处于风险与机遇并存的关键时期，为了防范宏观经济大幅波动的风险，系统研究贸易开放对中国经济波动的因果性影响机制及其净效应具有十分重要的现实意义和丰富的政策含义。针对中国贸易开放影响效应的传统研究文献主要是关注贸易开放如何影响中国经济增长，或者孤立地分别关注中国贸易开放和中国经济波动，遗憾的是，这忽视了贸易开放对中国经济波动的潜在影响，尤其是影响效应背后的作用机制。

中国经济取得了令世人瞩目的高速增长奇迹，截至2014年，经济增长速度平均而言保持在9.8%②，各省份经济增长率围绕这一平均值上下波动，但一个清晰而显著的特征是省份经济增长率的波动幅度呈现逐渐减缓的态势，表现为中国省份层面

① 引自2017年10月28日《人民日报》中的文章：《决胜全面建成小康社会 夺取新时代中国特色社会主义伟大胜利》。

② 原始数据来源于《中国统计年鉴2015》，经作者计算得出。

的经济波动幅度从改革开放之初的0.053下降为2014年的0.018[①]。与此同时，改革开放后中国各省份贸易开放程度也日益加深，体现为中国省级层面的贸易开放程度从1978年的0.042上升为2014年的0.290[①]。这一总体时序数据特征十分直观地呈现了贸易开放与中国经济波动之间的关系，但仍然存在若干问题悬而未决，诸如：这一时期的贸易开放进程通过哪些传导机制对中国经济波动产生了因果性影响？随着“一带一路”建设的积极推进，中国全面的开放格局将继续打开，进一步的贸易开放对中国经济波动的净效应方向和程度能否预测和模拟？在多维度的传导机制当中，贸易开放加剧经济波动的作用是基于何种渠道实现的？面对贸易开放加剧经济波动的这一作用渠道，能否找到有理有据的应对之策以削弱其风险，进而更好地增强中国经济增长的稳定性？针对上述这些重要问题的答案至今仍不明朗，根据我们所掌握的文献，至少可以说的是基于中国经济样本的有关研究非常少，国内学者针对这些问题的确切分析也很鲜见，所以，这是一系列亟待加强研究的关键问题。

本章其余部分的结构安排如下：2.1节介绍用于分析贸易开放影响经济波动的作用机制的理论模型框架；2.2节是计量模型设定和数据说明，具体包括计量模型设定、内生性问题与处理、变量与数据说明；2.3节给出实证结果，主要包括基准回归结果、稳健性检验结果、净效应模拟结果及出口市场多元化与贸易开放的加剧效应之间关系的估计结果，并对结果进行细致分析；2.4节是本章的主要结论和政策含义。

2.1 理论模型

一国的经济波动不仅与其经济所遭受冲击的频率和规模有关，还与其处理冲击的行为方式息息相关（Easterly et al.，2001a，2001b），处理冲击的行为方式在一定程度上反映了其应对冲击的能力，也会最终体现为其经济的脆弱性（Calderón and Schmidt-Hebbel，2008）。在理论上，将源于国家维度的作用机理延展至省份维度，并将省际冲击有机嵌入其中，贸易开放至少能够经由如下两种途径影响中国省份层面的经济波动（Rodrik，1998；Cavallo，2008；Calderón and Schmidt-Hebbel，2008）：其一，一个省份的贸易开放程度越高，其经济遭受来自外部的贸易条件冲击时越脆弱，进而通过国际商品市场中的贸易条件渠道加剧了该省份的经济波动，记为贸易开放对经济波动的加剧效应（destabilizing effect）；其二，一个省份贸易开放的进程中，省内市场、国内省际市场和国际金融市场使得风险共担机制更加多样化，这意味着其经济面临金融危机时的脆弱性会更小，

① 原始数据来源于《新中国六十年统计资料汇编》和《中国统计年鉴 2015 年》，经作者计算得出。

进而降低了金融危机的可能性，最终缓解了该省份的经济波动，记为贸易开放对经济波动的缓解效应（stabilizing effect）。为此，贸易开放对经济波动的净效应的符号和程度取决于其加剧效应和缓解效应的相对大小。

贸易开放会通过物质资本和人力资本的积累及技术外溢最终促进经济增长（Frankel and Romer，1999；沈坤荣和李剑，2003；盛斌和毛其淋，2011）已经几乎成为共识，然而，贸易开放对经济波动的影响方向、程度及其作用机制却仍不清楚。对于贸易开放和经济波动之间的关系，虽然现有文献已有所涉及，但基本上都是在国家层面进行总体分析的（Bejan，2006；Karras，2006；Cavallo，2008；Haddad et al.，2010），并且大多数文献只是考察了贸易开放和经济波动之间的相关关系（Razin and Rose，1992；Karras，2006；方红生和李琪，2010；洪占卿和郭峰，2012），而鲜有分析贸易开放对经济波动的作用机制的。比这些文献更进一步的是，本章以中国改革开放为背景，运用1978~2014年中国省份对外贸易和地区生产总值面板数据，在省级层面深入考察了贸易开放影响经济波动的因果性作用机制、净效应及出口市场多元化在其中所发挥的调节作用，进而弄清楚中国如何利用"一带一路"建设来增强经济增长的稳定性。为了有效识别贸易开放对经济波动的加剧效应并模拟其净效应，我们构造了贸易开放与贸易条件波动的交互项，进而基于面板数据模型采用多种估计方法进行实证研究。本章得到的基本结论是，贸易开放通过贸易条件渠道加剧了经济波动，经由其他剩余渠道缓解了经济波动，贸易开放对经济波动的加剧效应因出口市场多元化程度的提高而被有效弱化，进一步的贸易开放将会降低中国的经济波动。这些发现不但有助于准确了解"一带一路"建设深入推进的过程中，贸易开放对中国经济波动的影响机制及其净效应，进而为如何有效平抑经济波动、增强经济增长的稳定性提供理论依据，而且有助于为未来的中国稳增长和迈向贸易强国的政策设计和制定提供科学依据。

本章与宏观经济学领域中有关贸易开放最终是加剧还是缓解了经济波动的研究同属于一个范畴。国外学者基于全球国家、行业、企业不同层面样本的实证研究得到了差异化的结论。大多数研究都发现贸易开放会减缓经济波动（Karras，2006；Down，2007；Cavallo，2008；Calderón and Schmidt-Hebbel，2008；Buch et al.，2009），部分研究的结论则恰恰相反（di Giovanni and Levchenko，2009；Salahmanesh and Moradi，2014），也有一些研究得到了两种方向皆有可能的混合证据（Bejan，2006；Haddad et al.，2010；Mujahid et al.，2015），甚至还有个别研究发现贸易开放与经济波动之间完全不相关（Razin and Rose，1992）。对于将推进"一带一路"建设写入党章的中国而言，贸易开放是否也一样减缓了中国的经济波动？针对中国的少数研究基本上都表明，贸易开放会抑制中国地区层面的经济波动（贾俊雪和郭庆旺，2006；洪占卿和郭峰，2012），但也有个别的文献认为，贸易开放会加剧中国东部地区的经济波动（方红生和李琪，2010）。尽管以上这些国内外文献所得结论不尽一致，但无疑为我们评价贸易开放对经济波动的影响方向和程度提供了经验证据。此外，上述的现有文献主要是侧重于在总体层面上进行初步的探讨，并且文献大多只是考察了贸易开放和经济波动之间的相关性，尤其是，国内已有文献均没有就贸易开放影响中国经济波动的作用机制展开针对性的细致研究。

本章与近年来为数不多的针对贸易开放与经济波动关系受制于国家特征的研究存在直接的联系。本章针对跨国样本的经验研究，证实了国家的多元化特征会对贸易开放与经济波动关系产生调节作用。Calderón和Schmidt-Hebbel（2008）使用82个国家在1975~2005年的样本数据考察贸易开放与经济波动的关系，结果发现贸易开放对经济波动的影响依赖于国家层面的一些特征，在具有多元化经济结构的国家，贸易开放能够起到稳定经济的作用。Haddad等（2010，2013）基于1976~2005年77个国家非平衡面板数据的实证研究结果表明，贸易开放程度更高的经济体可能会面临更大的贸易条件波动性,但贸易开放也会带来多样化的收益，出口多样化会减缓贸易开放对经济增长稳定性的不利影响，是贸易开放对经济波动总体影响中的一个关键的缓和因素。这些发现说明，出口市场多元化将会影响贸易开放与经济波动之间的关系。

与本章互为补充的一些研究是针对发达国家和发展中国家对外开放程度趋高的背景下,贸易条件冲击及其他冲击对一国经济波动影响方向和影响程度的研究。与本章关联最为紧密的是Cavallo（2008）的研究，这篇文献采用含经济合作与发展组织（Organization for Economic Co-operation and Development，OECD）国家在内77个国家的横截面数据进行经验研究,研究发现贸易开放通过贸易条件冲击、外部金融冲击和国内冲击相关的三个渠道影响了一国经济波动。但这篇文献只是基于国际层面的样本，并且主要以发达国家为对象，缺乏发展中国家内部地区层面的大样本研究；此外，相比于面板数据，基于横截面数据的研究遗失了两者关系变化的重要动态含义，而选取了样本区间更长的面板数据，各变量统计项的质量更高，所以结论更加丰富且可靠；再者，这项研究只是将刻画出口市场多元化的指标作为控制变量引入，并且发现它统计不显著，未考虑到它与贸易开放和经济波动之间可能存在的交互作用。

本章的理论模型为Cavallo（2008）模型的一个拓展。在已有的研究文献中，Cavallo（2008）通过一个简单的数理模型论证了贸易开放影响一国经济波动的作用机理，本章的理论模型借鉴了Cavallo（2008）的思路，扩展了贸易开放对一个省份经济波动的不同类型的作用机制。进一步地，我们还将出口市场多元化在贸易开放经由贸易条件渠道对经济波动的加剧效应当中所发挥的削弱作用（Haddad et al.，2010，2013）纳入理论模型之中。

对于贸易开放如何影响省级层面经济波动的研究，必须建立在一定的理论模型基础之上。考虑一个省份经济的产出流可能会遭受到四种类型的冲击：贸易条件冲击τ_t、外部金融冲击φ_t、省际冲击η_t和省内冲击δ_t。根据这个构成，借鉴Cavallo（2008）的做法，本章对产出流采用了一个尽可能宽泛的设定。假设上述四种类型冲击之间是不相关的，并且参数α_i测度产出在面对不同冲击时的脆弱性，因此，产出流可以表示为如下形式：

$$y_t = \alpha_\tau \tau_t + \alpha_\varphi \varphi_t + \alpha_\eta \eta_t + \alpha_\delta \delta_t \tag{2.1}$$

一个省份的经济波动σ_y可以表述为

$$\sigma_y = \alpha_\tau^2 \sigma_\tau + \alpha_\varphi^2 \sigma_\varphi + \alpha_\eta^2 \sigma_\eta + \alpha_\delta^2 \sigma_\delta \tag{2.2}$$

式中，$\sigma_i = \mathrm{var}(i)$。在灾害经济的背景下，脆弱性是指个人、团体、财产、生态环境等易于受到某种特定致灾因子影响的性质。2009年的国际减灾战略定义较好地说明了脆弱性的含义：“社区、系统或资产易于受到某种致灾因子损害的性质和处境。经济因素是决定脆弱性的重要方面。从宏观经济层面看，国际贸易、经济发展、经济结构、财政资源情况都会对脆弱性产生影响。”（唐彦东，2011）鉴于此，我们假定产出脆弱性参数α_i是贸易开放（T）的函数，即$\alpha_i = \alpha_i(T)$，这表明贸易开放程度能够影响一个省份经济对不同冲击的敏感程度，进而贸易开放对经济波动的边际效应可以表示为

$$\frac{\partial \sigma_y}{\partial T} = 2\alpha_\tau \frac{\partial \alpha_\tau}{\partial T}\sigma_\tau + 2\alpha_\varphi \frac{\partial \alpha_\varphi}{\partial T}\sigma_\varphi + 2\alpha_\eta \frac{\partial \alpha_\eta}{\partial T}\sigma_\eta + 2\alpha_\delta \frac{\partial \alpha_\delta}{\partial T}\sigma_\delta \tag{2.3}$$

遵循多数研究文献（Rodrik，1998；Easterly et al.，2001a；Kose et al.，2006）的观点，贸易开放程度越高，一个省份经济遭受贸易条件冲击时的脆弱性越突出，即$\partial\alpha_\tau/\partial T > 0$。其内在逻辑是：一个省份的贸易开放程度越高，出口收入在其国民收入中的重要性越大，经济对于国外需求冲击越敏感，贸易条件冲击越是能够直接影响国民收入，使得该省份经济遭受贸易条件时越脆弱，进而贸易条件风险越大。为此，如果贸易条件冲击τ_t是影响一个省份经济的唯一冲击，那么贸易开放最终必然会加剧该省份经济波动$\partial\sigma_y/\partial T > 0$。然而，如果存在其他类型的冲击，那么贸易开放对省份经济波动的净效应将还会取决于$\partial\alpha_\varphi/\partial T$、$\partial\alpha_\delta/\partial T$和$\partial\alpha_\eta/\partial T$的符号和大小。根据这一框架不难发现，如果能够度量四种冲击（δ_t、τ_t、φ_t、η_t），那么可直接估计所有参数并计算贸易开放对经济波动的净效应。然而，除贸易条件冲击能够被度量之外，其他三种冲击的度量并不具有可行性，为此，借鉴Cavallo（2008）的做法，本章放弃度量其他三种冲击，而是采取另外一种策略，即估计如下变形后的方程：

$$\sigma_y = \beta_1 T \sigma_\tau + \beta_2 T + \varepsilon \tag{2.4}$$

遵循这一领域文献的通常做法，贸易条件波动σ_τ定义为贸易条件对数差分的标准差（Rodrik，1998；Loayza and Raddatz，2007；Cavallo，2008；Epifani and Gancia，

2009）。在这种设定下，β_1捕获了贸易开放经由贸易条件渠道对经济波动的影响，通常为正，表明贸易开放通过贸易条件渠道会加剧经济波动，简称为加剧效应。针对贸易开放影响经济波动的作用机制，除了本章着重强调的贸易条件渠道之外，其余所有的影响渠道可以总体概括为类似于“索洛剩余”（Solow residual）这一概念的“其他剩余渠道”。“剩余”是一个有用的概念，“将剩余作为不可知力量存在的证据，这种被认为有效的方法在科学中已有很长的历史”（Warsh，2006），为此，本章的其他剩余渠道是贸易开放影响经济波动的作用机制中那些非贸易条件渠道的总称。β_2度量贸易开放经由其他剩余渠道对经济波动的影响，通常为负，说明贸易开放通过其他剩余渠道会缓解经济波动，简称为缓解效应。

进一步地，如何降低一个省份遭受贸易条件冲击时的脆弱性？更确切地讲，如何防范化解贸易开放带来的贸易条件风险以削弱其对经济波动的加剧效应？出口市场多元化（D）是一个重要的政策手段，以往文献指出，它在贸易开放对经济波动的总体影响当中发挥着削弱作用（Haddad et al.，2010，2013）。具体而言，Haddad等（2010）发现，出口市场多元化会削弱贸易开放对经济波动的影响，其作用机理是：外向型经济意味着一国更倾向向更多的国外市场出口商品；向一个国外市场出口商品的风险非常大，因为出口国完全依赖于这一个进口国的需求状况；而向多个国外市场出口商品的风险会显著降低，这归功于出口市场多元化的风险分摊作用，因为来自不同国外市场的需求冲击不是完全相关的，一些国家的正向冲击至少可以部分抵消其他国家的负向冲击。简言之，出口市场多元化提供了一种保险机制。受此启发，我们认为，贸易开放对经济波动的加剧效应会随着一个省份的出口市场多元化程度的变动而变化。确切来讲，一个省份的贸易开放程度越高，其经济遭受贸易条件冲击时会越脆弱（Cavallo，2008；Haddad et al.，2010），进而贸易条件风险越大，但这一脆弱性及随之而来的贸易条件风险会随着该省份出口市场多元化程度的提高而下降（Haddad et al.，2013）。其内在的逻辑是：面对来自某个国家特定层面的需求冲击，相对于一个向很多国家出口商品的省份而言，仅向少数几个国家出口商品的省份必然会由于这一需求冲击而面临更大的贸易条件风险，进而表现出更剧烈的经济波动。基于以上的理解，可以推断，贸易开放对经济波动的加剧效应会由于出口市场更加多元化而得以削弱。为了检验这一推断，将出口市场多元化引入模型（2.4）之中，具体表示为

$$\sigma_y = \alpha_1 T \sigma_\tau D + \alpha_2 T \sigma_\tau + \alpha_3 T + \varepsilon \tag{2.5}$$

可以预期，出口市场多元化对贸易开放加剧效应的削弱作用具体表现为，出口市场多元化程度将会负向调节贸易开放对经济波动的加剧效应。出口市场多元化程度越高，贸易开放对经济波动的加剧效应越弱；出口市场多元化程度越低，贸易开放对经济波动的加剧效应越强，即α_2为正，α_3为负，出口市场多元化程

度由出口市场集中度衡量时，α_1为正。

2.2 计量模型设定与数据说明

2.2.1 计量模型设定

在从理论层面厘清了贸易开放对经济波动的影响机制基础上，结合样本数据的实际信息含量并参照研究经济波动的近期实证文献（Cavallo，2008），构建如下省级面板计量模型：

$$\text{vol}_{it} = \beta_0 + \beta_1 \text{open}_{it} \times \text{totvol}_{it} + \beta_2 \text{open}_{it} + \theta X_{it} + \gamma_i + \phi_t + \varepsilon_{it} \qquad (2.6)$$

式中，下标i和t分别表示省份和年份。被解释变量vol表示经济增长率的波动。核心解释变量是贸易开放与贸易条件波动的交互项$\text{open} \times \text{totvol}$，用来捕捉贸易开放经由贸易条件渠道对经济波动产生的影响。具体的经济学直觉是：贸易开放增加了商品经济遭受外部冲击的脆弱性，即越开放的省份越容易面临贸易条件风险，为此贸易开放通过贸易条件渠道加剧了经济波动。我们借鉴Rodrik（1998）的经典做法，采用贸易开放与贸易条件波动的交互项度量贸易条件风险，进而贸易开放程度越高的省份面临的贸易条件风险越大，其影响具体反映在β_1的符号和显著性上。贸易开放open用来捕捉贸易开放通过其他剩余渠道对经济波动的任何额外影响，确切体现在β_2的符号和显著性上。由于贸易条件波动只有通过与贸易开放交互的唯一途径来影响经济波动（Rodrik，1998；Cavallo，2008），所以未包含totvol的方程（2.6）的设定并不存在遗漏变量偏差。此外，为了得到更稳健的估计，还控制了各省份其他方面差异的变量向量X。γ_i表示非观测的省份特征。ϕ_t表示时间层面的固定效应。ε表示随机扰动项。β_0、β_1、β_2和θ表示待估参数。本章主要关注的是β_1和β_2的符号和显著性，尤其是前者。根据前文的理论机制分析，β_1和β_2应该依次显著为正和负。$\text{open} \times \text{totvol}$和open的同时引入表明贸易开放对经济波动的净效应依赖于两个估计系数β_1和β_2与贸易条件波动（totvol）：

$$\Delta \text{vol}_i = (\beta_1 \times \text{totvol}_i + \beta_2) \times \Delta \text{open}_i \qquad (2.7)$$

式中，Δ表示变动。式（2.7）表明，贸易开放的变动（Δopen）不仅会通过β_2直接地影响经济波动，还会通过贸易条件波动间接地影响经济波动。

进一步地，为了深入考察出口市场多元化与贸易开放对经济波动的加剧效应之间的关系，我们在基准方程（2.6）的基础上，额外引入三重交互项（$\text{open} \times \text{totvol} \times \text{market}$）及额外的双重交互项（$\text{open} \times \text{market}$和$\text{totvol} \times \text{market}$），以探究出口市场多元化在贸易开放通过贸易条件渠道影响经济波动的机制中所发挥的作用，其中，引入额外的双重交互项是为了降低潜在的遗漏变量偏差。鉴于此，包

含三重交互项的计量模型设定为

$$\begin{aligned}\text{vol}_{it} = \alpha_0 + \alpha_1\text{open}_{it}\times\text{totvol}_{it}\times\text{market}_{it} + \alpha_2\text{open}_{it}\times\text{totvol}_{it} + \alpha_3\text{open}_{it} \\ +\alpha_4\text{open}_{it}\times\text{market}_{it} + \alpha_5\text{totvol}_{it}\times\text{market}_{it} + \theta X_{it} + \gamma_i + \phi_t + \varepsilon_{it}\end{aligned} \quad (2.8)$$

式中，核心解释变量是由贸易开放、贸易条件波动和出口市场集中度构成的三重交互项 $\text{open}\times\text{totvol}\times\text{market}$，用来捕捉贸易开放的加剧效应是否会受到出口市场多元化的影响，其影响体现在 α_1 的符号和显著性上，控制变量向量 X 保持不变。我们关心的是 α_1、α_2 和 α_3 的符号和显著性。根据前文的理论机制分析，三个估计系数应该分别显著为正、正和负。

2.2.2　内生性问题与处理

已有研究表明贸易开放可能是内生的（Frankel and Romer，1999；Wei and Wu，2001；黄玖立和李坤望，2006），对于贸易开放与经济波动之间可能存在的内生性问题，主要是基于如下三个方面的考虑：首先，遗漏变量问题。影响经济波动的因素往往有很多，但由于受到数据限制，在构建计量模型时却难以将所有解释变量都放入其中，这可能会由于遗漏变量产生内生性问题。其次，测量误差问题。地理因素和贸易政策的差异导致了不同地区贸易开放程度往往有别，地理因素是外生的，但贸易政策却不是外生的（Cavallo，2008）。进出口总额与GDP的比值这一指标由于混合了地理因素和贸易政策而导致了贸易开放的内生性问题，为此运用它度量贸易开放可能存在一定的测量误差（Frankel and Romer，1999）。最后，反向因果问题。一个地区的经济增长可能会通过改善其基础设施的渠道最终提高该地区的贸易开放度（李锴和齐绍洲，2011），经济波动与经济增长是一个地区的生产总值在短期和长期两个维度的不同体现，为此经济波动也可能是促进贸易开放的原因。考虑到贸易开放变量可能存在的内生性问题，本章除了要尽可能多地控制影响经济波动的潜在因素之外，主要基于工具变量法解决贸易开放的内生性问题。地理因素能够通过影响一个省份的贸易开放程度进而影响经济波动，然而经济波动却无法影响一个省份的地理特征，所以我们将努力寻找一个地理因素变量［即国外市场接近度（foreign market access，FMA）］来充当贸易开放的外部工具变量。此外，除了OLS和FE估计之外，本章还使用国外市场接近度作为贸易开放的外部工具变量进行2SLS估计。

2.2.3　变量与数据说明

本章将在经济波动研究的框架内，基于中国29个省份1978~2014年的面板数据研究贸易开放在促进中国经济稳定性当中发挥的重要作用。为了考察结论的准确性，本章加入控制变量以避免由于遗漏变量等因素对结论的影响。此外，还通过不同的滤波方法和不同的样本范畴等额外的五种方法进行多维度的稳健性检验，以保证本章主要结论的可靠性。

1. 被解释变量

作为被解释变量，经济波动（vol）采用经济增长率的标准差来度量。参考“五年规划”，将时间间隔设定为5年的情况下，1978~1980年、1981~1985年、1986~1990年、1991~1995年、1996~2000年、2001~2005年、2006~2010年和2011~2014年的每个时间段经济增长率的标准差用来度量这段时间的经济波动。其中，各省份的经济增长率使用最为常用的两个基本指标进行度量，依次从总量和平均量两个维度刻画经济增长的实际地区生产总值增长率和实际人均地区生产总值增长率，为上年=100的地区生产总值指数和人均地区生产总值指数减去100再除以100。

2. 核心解释变量

本章的核心解释变量是各省份的贸易开放、贸易开放与贸易条件波动的双重交互项、贸易开放与贸易条件波动和出口市场集中度的三重交互项，尤其是后面的两个交互项。这意味着构造本章的核心解释变量时，将会涉及如下四个变量。

（1）贸易开放（open）。按照主流文献的一贯做法，本章使用进出口总额占地区生产总值的比重来衡量贸易开放程度。

（2）国外市场接近度（FMA）。本章沿袭黄玖立和李坤望（2006）的做法，采用国外市场接近度作为贸易开放的外部工具变量。各省份的行政中心至海岸线距离的倒数乘以100为国外市场接近度，东部省份至海岸线距离为其内部距离，中西部省份至海岸线距离为其到最近东部省份距离加上该东部省份的内部距离。另外，由中国人民银行公布的官方名义汇率对各省份而言是外生的，我们用名义汇率和国外市场接近度的乘积来凸显其动态特征。

（3）贸易条件波动（totvol）。在该领域基于横截面数据的研究中，一些文献采用贸易条件对数差分的标准差刻画贸易条件的波动性（Rodrik，1998；Cavallo，2008；Epifani and Gancia，2009），但基于时序数据的研究中，则往往采用基于广义自回归条件异方差（generalized autoregressive conditional heteroskedasticity，GARCH）模型获取的贸易条件对数差分的条件标准差衡量贸易条件的波动（Islam，2004）。本章所使用的数据为各省份1978~2014年的时序数据，为此我们运用贸易条件对数差分的条件标准差来刻画贸易条件的波动。但是，由于受到中国各省份贸易条件数据获取性的制约，借鉴国内已有文献（杨灿明和孙群力，2008）的做法，本章使用贸易开放的条件标准差来替代贸易条件的波动。具体而言，首先，将各省份的贸易开放取自然对数并进行一阶差分，以得到贸易开放的增长率；然后，利用GARCH(1,1)模型识别出各省份贸易开放增长率的条件方差序列，进而得到各省份贸易开放增长率的条件标准差序列，即为本章所度量的贸易条件波动。

（4）出口市场集中度（market）。参照Haddad等（2010）的方法，本章采用一个省份出口最大的5个国家的出口额之和占该省份出口总额的比重对出口市场的多元化程度进行刻画。这个比重越大，出口市场集中度越大，说明该省份的出口主要集中于前5个最大的国家的程度越突出，出口目的国的地理分布越狭窄，为此出口市场多元化程度越小。

3. 控制变量

根据之前相关研究的通常做法，本章控制了一系列可能会影响到经济波动的因素，以有效控制不同省份的异质性所带来的影响，它们具体包括以下几方面。

（1）人均地区生产总值（gdp）。经济发展水平越高的地区平抑经济波动的手段往往越丰富，为此富裕地区的经济波动性倾向于越弱（Acemoglu and Zilibotti，1997；Bejan，2006）。参考过往文献的常用做法，我们控制了实际人均地区生产总值来度量经济发展水平对经济波动的影响，其具体计算方法是“省份实际地区生产总值（以1978年为基期）/省份年底总人口”。

（2）人口规模（pop）。相对于人口规模较大的地区而言，人口规模较小的地区受到完全同样外部冲击的影响程度通常更大，导致其经济波动幅度也更大（Head，1995；Down，2007；Furceri and Karras，2007，2008）。其内在机制是，相比于人口规模小的地区，人口规模更大的地区的对外贸易额通常更小，但商品市场多样化程度往往更高，进而人口规模更大的地区倾向于更加稳定。我们以自然对数形式的年底总人口来控制人口规模的影响。

（3）地方政府规模（gov）。根据补偿假说（Rodrik，1998），地方政府针对贸易开放所带来的外部风险，往往会通过增加其支出规模来对各类市场经济主体进行补偿，以稳定经济，这意味着地方政府规模会最终影响地区的经济波动幅度。因此，我们参照主流文献的做法，用地方政府消费占省份地区生产总值的比重来捕捉地方政府规模对于经济波动的影响。

（4）城镇化（urban）。在文献当中，城镇化水平也构成了经济波动的重要影响因素（李璐，2016）。鉴于此，我们也控制了城镇人口占总人口的比重。

（5）人力资本（hc）。有诸多研究认为，人力资本是经济波动的缓冲剂（Fukao and Otaki，1993；Weinberg，2001）。为此，我们引入人均受教育程度的对数值来控制人力资本对经济波动的影响。计算方法如下，在6岁及以上的全部人口中，小学、初中、高中与大专及以上文化程度的受教育年限依次记为6年、9年、12年、16年，进而各个省份人力资本的运算公式是：小学份额×6+初中份额×9+高中份额×12+大专及以上学历的份额×16。其中，1987~2001年的数据来源于陈钊等

（2004）估计的省级人力资本数据；2002~2014年的数据是基于相同方法，使用相关年份《中国统计年鉴》中人口受教育结构的数据运算补充获得。

（6）固定资产投资（invest）。固定资产投资在中国经济运行中的地位举足轻重，往往是政府干预经济的一个主要手段，所以也是中国经济波动的关键原因（郭庆旺和贾俊雪，2004；仝冰，2017）。因此，我们也控制了全社会固定资产投资占省份地区生产总值的比重。

（7）信贷波动（crevol）。中国企业的外部融资严重依赖于银行信贷，这导致中国经济对银行信贷的波动特别敏感，也意味着银行信贷波动对于理解中国经济波动至关重要（刘涛，2005；许伟和陈斌开，2009）。为此，我们沿袭洪占卿和郭峰（2012）的做法，使用金融机构人民币贷款余额与地区生产总值比值的5年标准差来控制信贷波动的影响。

（8）财政波动（govvol）。政府部门的财政波动也可能导致经济波动（Fatás and Mihov，2003）。所以，参考以往文献（洪占卿和郭峰，2012）的做法，我们以政府一般预算支出与省份地区生产总值的比值的5年标准差来控制财政波动的影响。

（9）产业结构（industry）。不同产业对于外部冲击的抵御能力有所不同（di Giovanni and Levchenko，2009），从而产业结构也成为中国经济波动的一个重要原因。因此，依据现有文献，我们以第三产业增加值占地区生产总值的比重来控制产业结构的影响。

4. 数据来源

本章采用1978~2014年29个省份（重庆、西藏、香港、澳门和台湾除外）的面板数据研究贸易开放与经济波动的因果关系及其影响机制。所有指标均为中国29个省区市1978~2014年的5年窗口跨期平均值或标准差，取标准差的指标为贸易条件波动、经济波动、财政波动、信贷波动，其余均为取平均值的指标，因此得到的是时间维度和横截面维度分别为8和29的省际面板数据库。所有原始数据均来自宾夕法尼亚大学的“国际比较中心”（Center for International Comparison，CIC）提供的“宾夕法尼亚世界表”（Penn world table，PWT）9.0、《新中国六十年统计资料汇编》、历年《中国统计年鉴》及各省份历年统计年鉴。表2.1给出了主要变量的定义和描述性统计。

表 2.1　变量定义和描述性统计

符号	变量名称	平均值	标准差	计算方法
被解释变量				
vol	经济波动	0.030	0.023	地区生产总值增长率的 5 年窗口标准差
pcvol	人均经济波动	0.033	0.043	人均地区生产总值增长率的 5 年窗口标准差

续表

符号	变量名称	平均值	标准差	计算方法
		被解释变量		
volhp100	经济波动(HP100)	0.029	0.020	在参数 λ 分别取值 100 和 6.25 的情况下，对数地区生产总值经 HP（Hodrick-Prescott）滤波后残差项的 5 年窗口标准差
volhp6.25	经济波动（HP6.25）	0.018	0.014	
volbk	经济波动（BK）	0.018	0.014	对数地区生产总值经 BK（Baxter-King）滤波后残差项的 5 年窗口标准差
		核心解释变量		
open	贸易开放	0.218	0.317	进出口总额/地区生产总值的 5 年窗口平均值
totvol	贸易条件波动	0.187	0.080	进出口总额/地区生产总值的条件标准差的 5 年窗口标准差
open×totvol	双重交互项	0.007	0.021	贸易开放×贸易条件波动
market	出口市场集中度	0.608	0.183	一个省份出口最大的 5 个国家的出口额之和占该省份出口总额的比重的 5 年窗口平均值
open×totvol×market	三重交互项	0.005	0.012	贸易开放×贸易条件波动×出口市场集中度
FMA	国外市场接近度	2.999	4.624	各省份的行政中心至海岸线距离的倒数乘以 100 的 5 年窗口平均值
		控制变量		
urban	城镇化	0.420	0.216	年末城镇户籍人口/地区总人口的 5 年窗口平均值
gov	地方政府规模	0.128	0.045	政府消费/地区生产总值的 5 年窗口平均值
gdp	人均地区生产总值	7.411	1.159	实际人均地区生产总值对数值的 5 年窗口平均值
pop	人口规模	8.020	0.819	年末总人口对数值的 5 年窗口平均值
invest	固定资产投资	0.396	0.203	全社会固定资产投资/地区生产总值的 5 年窗口平均值
govvol	财政波动	0.016	0.013	政府一般预算支出/地区生产总值的 5 年窗口标准差
crevol	信贷波动	0.071	0.048	金融机构人民币贷款余额/地区生产总值的 5 年窗口标准差
hc	人力资本	2.002	0.184	人均受教育程度的对数值的 5 年窗口平均值
industry	产业结构	0.333	0.099	第三产业增加值/地区生产总值的 5 年窗口平均值

本章所研究的样本期间内，东部沿海地区和中西部内陆地区[①]的经济波动幅度变化趋势如图2.1所示。通过图2.1可以看出：①东部沿海地区和中西部内陆地区的经济波动幅度的变化趋势基本一致，总体来讲都随着时间的推移而趋于下降，这最终汇总导致了中国经济波动幅度趋于下降；②随着时间的变化，东部沿海地区经济波动幅度在越来越多的年份上都小于中西部内陆地区。与此同时，东部沿

① 东部沿海地区包括北京、福建、广东、河北、江苏、辽宁、山东、上海、天津、浙江、海南，中西部内陆地区包括安徽、甘肃、广西、贵州、黑龙江、河南、湖北、湖南、江西、吉林、内蒙古、宁夏、青海、四川、山西、陕西、新疆、云南。

海和中西部内陆两个地区贸易开放程度的变化趋势如图2.2所示。根据图2.2不难发现：①虽然受到2008年爆发的全球金融危机的不利影响，但总体而言，无论是东部沿海地区，还是中西部内陆地区，贸易开放程度都随时间推移而呈现上升走向，导致中国贸易开放的程度有所提高；②东部沿海地区的贸易开放程度始终明显高于中西部内陆地区。综上所述，无论是全国，还是东部沿海地区和中西部内陆地区，随着贸易开放的不断深化，经济波动幅度均呈下降趋势。

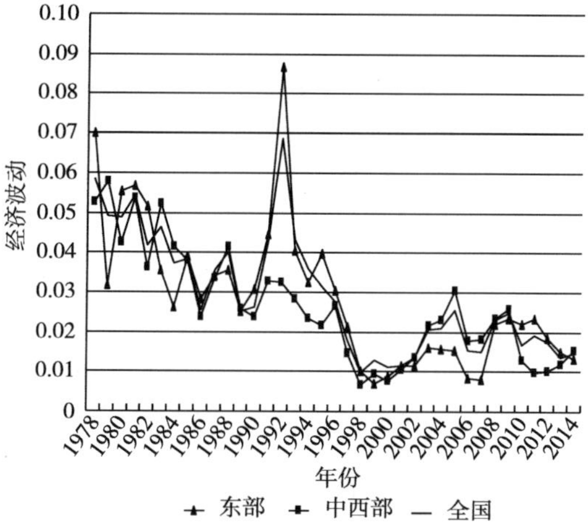

图 2.1　东部、中西部和全国的经济波动

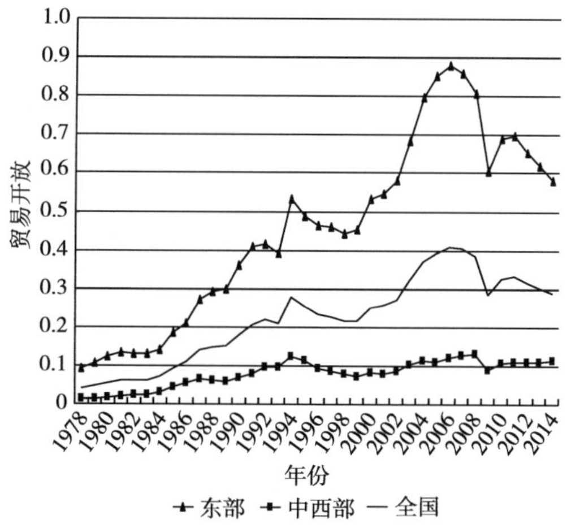

图 2.2　东部、中西部和全国的贸易开放

2.3　实证结果及分析

本节首先报告从OLS、FE和2SLS三种估计方法的面板模型基准回归中得到的

贸易开放对经济波动的作用机制；其次，通过不同的滤波方法（如HP滤波和BK滤波）及排除5个和10个异常值等方法进行多维度的稳健性检验；再次，基于回归结果和样本实际数据具体模拟贸易开放对中国经济波动的净效应；最后，通过构造三重交互项，实证分析出口市场多元化程度的提高是否会显著降低贸易开放对经济波动的加剧效应。

2.3.1 基准回归结果

表2.2报告了基于多种估计方法得到的贸易开放对经济波动的影响机制基准回归结果。为了避免由面板模型的标准误低估所造成的显著性高估问题，全部回归都采用以省份为聚类变量的聚类稳健标准误。基于OLS的估计结果见表2.2的（1）和（5）列；进一步地，Hausman检验拒绝接受随机效应（random effect，RE），为此采用FE的估计结果见表2.2的（2）和（6）列。从OLS和FE的估计结果来看，在控制了城镇化、人均地区生产总值、人口规模、地方政府规模、固定资产投资、财政波动、信贷波动、人力资本和产业结构等诸多可能影响经济波动的潜在因素之后，贸易开放对经济波动的作用方向为正，但不显著，贸易开放与贸易条件波动交互项对经济波动的作用也只是于FE估计结果中在5%的水平上通过了显著性检验，这似乎不支持本章前文所预期的理论观点，但通过细致分析能够发现，这可能是两种估计方法均没有考虑到贸易开放的内生性问题所致。为了解决贸易开放的内生性问题，借鉴黄玖立和李坤望（2006）的做法，我们选取国外市场接近度作为贸易开放的外部工具变量进行扩展的面板2SLS估计，（3）和（7）列报告了具体的估计结果，结果表明在解决了内生性问题之后，贸易开放与贸易条件波动交互项在1%的置信水平上显著地正向影响经济波动，而贸易开放则在1%的水平上显著地负向影响经济波动，核心解释变量的符号均符合前文理论分析结论的预期。这说明在考虑了内生性问题之后，基于外部工具变量的2SLS估计对贸易开放的加剧效应和缓解效应给出了更为有效的识别。需要特别说明的是，虽然上述2SLS估计控制了省份和时间固定效应，但结论未必完全可靠，因为各省份的经济波动差异也有可能源自其特殊的经济禀赋条件而非贸易开放。鉴于此，我们必须在上述回归分析当中进一步加入反映各省份经济禀赋条件的控制变量。加入一系列控制变量后的2SLS估计结果见表2.2的（4）和（8）列。我们发现，即使控制了省份的经济禀赋条件，核心解释变量的系数符号仍没有发生变化，贸易开放与贸易条件波动交互项的回归系数在1%的水平上仍然显著为正，而贸易开放的回归系数在1%的水平上依然显著为负。这表明贸易开放确实通过贸易条件渠道和其他剩余渠道给中国经济波动带来了正反两个完全不同方向的影响，这两类影响渠道在被解释变量是总量经济波动的时候存在，在被解释变量是平均量经济波动

的时候也存在，而且这两类影响渠道产生的方向完全相反的关系，不仅是一种数量关系，更是一种因果关系。简而言之，随着中国贸易开放程度的日益加深，来自国际商品市场的贸易条件风险加大，进而贸易开放通过贸易条件渠道加剧了中国经济波动，但与此同时，贸易开放也通过其他剩余渠道缓解了中国经济波动。

表 2.2　贸易开放影响经济波动的作用机制：基准回归结果

项目	vol				pcvol			
	（1）	（2）	（3）	（4）	（5）	（6）	（7）	（8）
估计方法	OLS	FE	2SLS	2SLS	OLS	FE	2SLS	2SLS
open	0.006	0.005	−0.102***	−0.034***	0.008	0.008	−0.106***	−0.019***
	（0.004）	（0.006）	（0.017）	（0.023）	（0.005）	（0.006）	（0.017）	（0.023）
open×totvol	0.072	0.085**	0.791***	0.227***	0.063	0.096**	0.882***	0.170***
	（0.046）	（0.044）	（0.251）	（0.121）	（0.052）	（0.045）	（0.242）	（0.110）
hc	0.008	−0.027		−0.072**	−0.001	−0.017		−0.062*
	（0.010）	（0.021）		（0.033）	（0.011）	（0.023）		（0.040）
pop	−0.001	0.015		0.030	−0.001	0.006		0.027
	（0.001）	（0.011）		（0.020）	（0.001）	（0.011）		（0.022）
invest	0.002	0.038***		0.029***	0.006	0.035***		0.031***
	（0.006）	（0.009）		（0.010）	（0.007）	（0.008）		（0.010）
gdp	−0.006***	−0.012***		−0.005	−0.008***	−0.014***		−0.007
	（0.002）	（0.004）		（0.006）	（0.002）	（0.004）		（0.006）
urban	0.007	0.002		−0.001	0.005	−0.002		−0.004
	（0.005）	（0.007）		（0.008）	（0.005）	（0.006）		（0.007）
gov	−0.084***	0.017		0.039	−0.121***	−0.023		−0.002
	（0.021）	（0.027）		（0.033）	（0.023）	（0.028）		（0.034）
govvol	−0.052	−0.042		−0.079	−0.083	−0.043		−0.061
	（0.068）	（0.061）		（0.075）	（0.083）	（0.081）		（0.087）
crevol	0.034*	0.001		0.021	0.056***	0.027*		0.019
	（0.020）	（0.019）		（0.026）	（0.020）	（0.016）		（0.021）
industry	−0.043***	−0.016		0.042	−0.005	−0.003		0.035
	（0.015）	（0.021）		（0.031）	（0.016）	（0.019）		（0.030）
常数项	0.086***	0.039	0.046***	−0.065*	0.105***	0.100	0.047***	−0.038*
	（0.013）	（0.074）	（0.003）	（0.137）	（0.015）	（0.077）	（0.004）	（0.152）
Hausman 检验值		19.165**				20.863**		
F	10.536	5.298	2.483	4.777	11.825	6.364	2.714	6.012
Adj-R^2	0.377	0.492	0.187	0.362	0.408	0.547	0.137	0.497
地区 FE	否	是	是	是	否	是	是	是
时间 FE	否	是	是	是	否	是	是	是
观察值	174	174	201	174	174	174	201	174

注：圆括号内数值为标准误差

***、**和*分别表示在 1%、5%和 10%的水平上显著

进一步地，在表2.2的（4）和（8）列所示的2SLS估计结果中，贸易开放的回

归系数介于−0.019和−0.034，贸易开放与贸易条件波动交互项的回归系数介于0.170和0.227，这是具有显著经济意义的。我们还发现，相对于表2.2的（3）和（7）列而言，（4）和（8）列的两个核心解释变量的回归系数绝对值明显更低，这表明不添加任何控制变量的2SLS估计结果存在着显著的高估问题，为此我们后文主要基于表2.2的（4）和（8）列来展开讨论。上述定量结果说明，省份贸易开放程度越高，其经济波动幅度可能越大，也可能越小。根据表2.2的（4）列，贸易开放对经济波动的边际影响为−0.034+0.227×totvol，并且在1%的水平上高度显著，因此贸易开放对经济波动的作用不容小觑。根据其具体影响，在贸易条件波动性较小时，贸易开放对经济波动的缓解效应超过加剧效应；随着贸易条件波动性的上升，加剧效应逐渐强化，当贸易条件波动性上升到一定程度，具体取值超过阈值0.15[①]时，贸易开放对经济波动的加剧效应超过缓解效应。从各省份贸易条件波动性的实际情况来看，超过0.15的只有山西省，这意味着除山西之外所有省份贸易开放对经济波动的边际影响均为负。

另外，在基于外部工具变量的2SLS估计结果中，一些控制变量的估计结果是符合经济学直觉的，也与已有研究结果保持一致。其中，固定资产投资对经济波动的影响在1%的水平上显著为正，并且在经济上也是显著的，说明固定资产投资的增加会显著地加剧中国经济波动。这一结果表明降低固定资产投资占省份地区生产总值的份额有利于增强中国经济增长的稳定性。这与郭庆旺和贾俊雪（2004）及仝冰（2017）的结论类似，他们发现中国经济波动的最主要解释因素是与投资相关的冲击。再者，无论是在统计上还是在经济上，人力资本水平的提升会显著地降低中国经济波动，这一结论也为其他研究所证实，Fukao和Otaki（1993）及Weinberg（2001）均发现人力资本是经济波动的缓冲剂。此外，其他的控制变量均是统计不显著的，这些额外的控制变量包括：地方政府规模、人口规模、人均地区生产总值、城镇化、信贷波动、财政波动、产业结构。从回归方程中引入或者剔除这些变量皆不会影响核心解释变量系数符号，但对这些变量加以控制不仅可以得到回归的最好拟合，也可以提高核心解释变量估计系数的可靠性。

事实上，贸易开放对经济波动的上述影响机制在没有引入任何控制变量的估计（表2.3）中也得到了充分的展示。本章首先对方程（2.6）进行OLS估计，作为随后的FE和2SLS估计结果的参照，所有估计结果见表2.3。其中，（1）~（6）列展示了贸易开放对经济波动回归的估计结果，除（1）和（2）列之外的所有回归均控制了省份和时间固定效应，（5）和（6）列额外引入了国外市场接近度这一外部工具变量。（1）、（3）和（5）列均表明贸易开放会显著地降低经济波动。如（2）列所示，当在回归中通过引入贸易开放与贸易条件波动的交互项来控制贸易条件

---

① 经由−0.034+0.227×totvol=0 计算得到。

风险时，贸易开放对经济波动的缓解效应和加剧效应被清晰地识别出来。（4）和（6）列也同样表明，贸易开放会通过贸易条件渠道显著加剧一个省份的经济波动，通过其他剩余渠道显著缓解经济波动，这与Cavallo（2008）的实证结果一致。进一步地，贸易开放与贸易条件波动交互项的估计系数的绝对值在采用2SLS时比采用OLS和FE时明显更大。再者，贸易开放的估计系数在使用2SLS时要比使用FE时有更高的绝对值，而在进行OLS估计时系数绝对值最小，这说明贸易开放与经济波动之间潜在的内生性问题破坏了OLS估计的有效性，未控制省份和时间固定效应的OLS估计低估了贸易开放对经济波动的影响；FE估计比OLS估计有所改善，但同样低估了贸易开放的作用；而外部工具变量则显著地解决了FE估计中存在的内生性问题，校正了其不一致的估计。这与上面引入控制变量的估计结果也是一致的，贸易开放通过贸易条件渠道和其他剩余渠道依次加剧和缓解了经济波动。

表 2.3　贸易开放影响经济波动的作用机制：无控制变量回归结果

项目	（1）	（2）	（3）	（4）	（5）	（6）
估计方法	OLS	OLS	FE	FE	2SLS	2SLS
地区 FE	否	否	是	是	是	是
时间 FE	否	否	是	是	是	是
观察值	228	201	228	201	228	201
被解释变量：vol						
open	−0.012***	−0.011***	−0.038***	−0.031***	−0.082***	−0.102***
	（0.003）	（0.003）	（0.005）	（0.005）	（0.011）	（0.017）
open×totvol		0.138***		0.115**		0.791***
		（0.042）		（0.051）		（0.251）
常数项	0.030***	0.026***	0.038***	0.033***	0.047***	0.046***
	（0.001）	（0.001）	（0.002）	（0.002）	（0.003）	（0.003）
Hausman 检验值			13.454***	10.060***		
F	13.256	8.289	2.889	2.146	3.100	2.483
Adj-R^2	0.051	0.068	0.194	0.146	0.178	0.187
被解释变量：pcvol						
open	−0.011***	−0.009***	−0.037***	−0.031***	−0.089***	−0.106***
	（0.004）	（0.003）	（0.006）	（0.006）	（0.012）	（0.017）
open×totvol		0.132***		0.129**		0.882***
		（0.048）		（0.061）		（0.242）
常数项	0.030***	0.027***	0.038***	0.034***	0.049***	0.047***
	（0.001）	（0.001）	（0.002）	（0.002）	（0.003）	（0.004）
Hausman 检验值			17.632***	10.735***		
F	8.778	5.509	2.488	2.009	3.190	2.714
Adj-R^2	0.033	0.043	0.160	0.131	0.132	0.137

注：圆括号内数值为标准误差

***和**分别表示在 1%和 5%的水平上显著

2.3.2 稳健性检验与内生性问题讨论

为了保证本章主要结论的可靠性和稳定性，本小节进行了多维度的稳健性检验，如改变获取经济波动指标的方法、剔除异常样本等。表2.4给出了共计六种稳健性检验的估计结果①。

表 2.4 稳健性检验结果

项目	volhp100	volhp6.25	volbk	排除 5 个极端省份数据	排除 10 个极端省份数据
估计方法	2SLS	2SLS	2SLS	2SLS	2SLS
模型	（1）	（2）	（3）	（4）	（5）
被解释变量：vol					
open	−0.093**	−0.067**	−0.031*	−0.029*	−0.065*
	（0.040）	（0.032）	（0.023）	（0.022）	（0.045）
open×totvol	0.597***	0.491***	0.296***	0.231***	0.227***
	（0.339）	（0.216）	（0.140）	（0.116）	（0.549）
hc	−0.161***	−0.108***	−0.065*	−0.074**	−0.097**
	（0.047）	（0.036）	（0.036）	（0.035）	（0.047）
pop	0.088***	0.061**	0.043*	0.030	0.003
	（0.030）	（0.026）	（0.027）	（0.020）	（0.030）
invest	0.054***	0.038***	0.021***	0.029***	0.030***
	（0.014）	（0.009）	（0.008）	（0.011）	（0.011）
gdp	0.002	−0.001	−0.006	−0.004	0.001
	（0.008）	（0.006）	（0.005）	（0.006）	（0.007）
urban	0.004	−0.003	−0.006	0.001	−0.007
	（0.011）	（0.008）	（0.007）	（0.008）	（0.008）
gov	0.005	0.028	0.004	0.044	0.039
	（0.041）	（0.031）	（0.024）	（0.034）	（0.032）
govvol	−0.151	−0.001	−0.206***	−0.112	−0.248***
	（0.109）	（0.074）	（0.067）	（0.082）	（0.094）
crevol	−0.007	0.008	0.003	0.001	0.027
	（0.034）	（0.024）	（0.020）	（0.025）	（0.033）
industry	0.065	0.042	0.025	0.033	0.071*
	（0.042）	（0.031）	（0.029）	（0.033）	（0.040）
常数项	−0.402*	−0.282*	−0.171*	−0.068*	−0.151*
	（0.214）	（0.185）	（0.188）	（0.140）	（0.208）
F	6.466	6.340	15.604	4.879	5.340
Adj-R^2	0.417	0.261	0.737	0.379	0.349
地区 FE	是	是	是	是	是
时间 FE	是	是	是	是	是
观察值	174	174	145	144	114

注：圆括号内数值为标准误差

***、**和*分别表示在 1%、5%和 10%的水平上显著

① 限于篇幅，被解释变量为人均经济波动的对应估计结果未报告，结论并无二致，备索。

第一，基于HP滤波（λ=100）法获得经济波动序列。为消除省份地区生产总值的长期趋势对度量经济波动可能存在的影响，参考已有文献（Calderón and Schmidt-Hebbel，2008）的做法，使用另一种方法来衡量经济波动，即将对数地区生产总值进行HP滤波后的残差项取5年窗口标准差，进而对前文主要结论进行稳健性检验。对于年度数据的HP滤波法去势，通常将λ设定为100。表2.4的（1）列展示了具体的估计结果。与表2.2的（4）列结果相比，贸易开放及贸易开放和贸易条件波动交互项的估计系数的符号和统计显著性均没有发生变化，仍然在5%水平上显著，只是估计系数的数值略微有所改变。这意味着与基于经济增长率5年标准差获取经济波动指标的结论一致，基于HP滤波法获取经济波动指标并且考虑到贸易开放内生性问题的2SLS估计结果仍验证了贸易开放影响经济波动的作用机制，既包含了通过贸易条件渠道产生的正向影响，也包含了通过其他剩余渠道带来的负向影响，这一结论非常稳健。

第二，基于HP滤波（λ=6.25）法获得经济波动序列。虽然使用HP滤波法对年度数据进行去势处理时往往将λ取值设定为100，但是Ravn和Uhlig（2002）却对这一取值提出了批评，认为λ应该设定为6.25。表2.4的（2）列给出了使用λ=6.25进行HP滤波后的回归结果，通过与表2.2的（4）列基准回归的对比，我们发现核心解释变量估计系数的数值稍有变动，然而其符号和统计性检验都没有表现出显著偏移，保持了很好的稳定性。这也足以证明本章先前所得结论的稳定性和可靠性，即贸易开放通过两类影响渠道对经济波动产生了不同的影响。

第三，基于BK滤波法获得经济波动序列。为检验表2.2的估计结果是否是因为本章选取了特定的去势处理方法所导致，本章还运用流行的BK滤波法来生成各省份的经济波动序列。表2.4的（3）列估计结果表明，核心解释变量估计系数的符号和数量级均与表2.2的（4）列基准回归展示出完全一致的模式：贸易开放对经济波动不仅存在缓解效应，而且还存在加剧效应，特别是在加剧效应的传导途径当中，贸易条件风险扮演了中间桥梁的角色。综合以上的三种稳健性检验结果可知，根据三种不同滤波方法测算的经济波动序列进行回归后的结果具有相当的稳健性，说明经济波动的度量方法并不会影响本章的主要结论。

第四，剔除5个异常样本。经济波动幅度较大的省份往往会存在一定的特殊性，为避免被解释变量异常值可能带来的影响，我们删除了被解释变量排序在前5名的样本。这些异常省份是安徽、海南、内蒙古、青海、浙江，其中，海南的经济波动幅度最高，高达0.068，安徽的经济波动幅度最低，但也达到了0.049。表2.4的（4）列报告了估计结果，通过和表2.2的（4）列基准回归结果的对比，我们发现核心解释变量估计结果在去掉5个省份样本之后没有明显变化，所以贸易开放通过两类渠道差异化作用于经济波动的结论依然稳健成立。

第五，剔除10个异常样本。我们又删除了改革开放以来经济波动幅度排名前

10的省份继续进行稳健性检验,也就是在删除前面5个经济波动幅度最大的省份基础之上，还额外删除了江苏、山西、广东、吉林、天津5个省份。额外的这5个省份之中，经济波动幅度最大的是江苏，为0.047，天津最小，但也达到了0.045。可以发现，根据这一子样本的主要估计结果依然都保持不变，为此删除10个异常省份之后的估计得到了与先前估计一致的结果,从而佐证了先前所得结论的稳健性。综上，异常省份的存在也不会干扰本章的主要结论。

第六，控制变量的引入。事实上，影响经济波动的现实因素往往是非常多的，为此在实证研究的模型设定当中，为尽可能得到核心解释变量对经济波动的真正影响，通常需要引入其他可能对经济波动产生影响的各种潜在因素。控制变量的引入能够改善模型的解释力，也能够进一步评价核心解释变量的显著性和敏感性，因此成为稳健性检验的重要手段之一。在前文的实证分析中，表2.3报告了无控制变量的模型估计结果，而表2.2和表2.4均为引入控制变量后的模型估计结果。对结果进行简单比较不难发现，控制变量的引入并未明显影响核心解释变量的符号和显著性，这说明本章主要结论在控制了诸多可能影响因素后仍然十分稳健。关于控制变量引入带来的影响在前文分析中已进行了严谨而细致的讨论，此处不再赘述。

此外，对于估计结果可能存在的内生性问题，本章基于如下三个方面展开讨论。第一，遗漏变量问题。在本章采用的计量模型中，除刻画贸易开放和贸易条件风险的核心解释变量之外，本章共引入了经济发展状况、财政状况、信贷状况、人口状况四种九个基于文献的控制变量，从经济学、财政学、金融学和社会学等多视阈考虑了可能影响经济波动的各个变量，这意味着遗漏变量问题在本章中不严重，所以相关的内生性问题也不突出。

第二，测量误差问题。对于经济波动这一变量，本章总计构建了五个不同的被解释变量，从不同维度刻画了中国省级层面的经济波动幅度，基于不同被解释变量得到的估计结果并无二致，这表明存在测量误差问题的可能性很低，所以与此相关的内生性问题应该也不严重。

第三，反向因果问题。一个省份的国外市场接近度这一地理因素变量会通过影响贸易开放程度而影响经济波动，但该省份的经济波动却无法影响其国外市场接近度，因为一个省份的国外市场接近度是历史上形成且客观存在的天然地理因素，与经济波动不可能直接相关，为此国外市场接近度是一个比较合适的外部工具变量。基于这一外部工具变量的2SLS估计结果，解决了与贸易开放相关的潜在测量误差问题，更解决了可能的反向因果问题。

2.3.3　贸易开放对经济波动的净效应模拟

无论是基准回归结果，还是各种稳健性检验结果，均证明本章的主要结论始终成立：贸易开放对中国经济波动存在着经由贸易条件渠道和其他剩余渠道而产生的方向完全相反的因果性影响。当今的“逆全球化”思潮不会扭转经济全球化的大趋势。在中国经济进入“新常态”和经济全球化潮流势不可挡的大背景下，出于适应、把握和引领“新常态”的考虑，习近平同志于2013年提出了“一带一路”倡议，“以政策沟通、设施联通、贸易畅通、资金融通和民心相通为主要内容”①。“一带一路”建设是适应经济全球化的新形势下扩大和深化对外开放的重大倡议，也是中国“走出去”的有益探索，将有着深远影响。在中国现有的贸易开放程度基础上，随着“一带一路”倡议的实施，中国全面的开放格局将进一步打开，那么，一个值得密切关注的问题就是，进一步的贸易开放对中国经济波动的净效应究竟将会是加剧还是缓解经济波动呢？前文的实证分析并没有明确地解答这一问题，接下来我们将从定量意义上对该问题给出严谨的回答。本章运用回归结果和样本实际数据具体模拟了贸易开放对中国经济波动的净效应。这一预测性的结果将直接为政府制定贸易政策提供可靠的实证依据，为其指明努力的方向，因此具有十分重要的指导作用。

那么，贸易开放对中国经济波动的净效应究竟是什么方向的？程度几何？表2.2和表2.4的估计结果均一致表明，贸易开放对中国经济波动具有两种不同方向的效应：经由贸易条件渠道而导致的加剧效应（$\beta_1 > 0$）与经由其他剩余渠道而产生的缓解效应（$\beta_2 < 0$）。贸易开放对经济波动的净效应取决于这两个核心解释变量估计系数的符号和大小及贸易条件波动性，恰如方程（2.7）所示。给定$\beta_2 < 0$和$\beta_1 > 0$，那些贸易条件波动性较大的省份从进一步的贸易开放中收获经济稳定的可能性会倾向于较小。在接下来的模拟分析中，我们模拟了差异化的贸易条件波动性情况下，贸易开放对经济波动的净效应结果。表2.2中各模型的β_1和β_2估计系数有所不同，但因为基于2SLS的估计结果比基于OLS和FE方法的估计结果更加可靠，为此我们选择了实际地区生产总值增长率的波动作为被解释变量时加入全部控制变量之后的模型（4）估计系数进行模拟分析，即β_2=−0.034，β_1=0.227。此外，totvol_i为每个省份进出口总额/地区生产总值的条件标准差在1978~2014年的标准差。

进一步地，贸易开放在样本平均值②上增加一个标准差，即从21.8%增加到53.5%，贸易开放对各省份经济波动的净效应将是多大？也就是说，设定各省份

---

① 引自《共建“一带一路”倡议：进展、贡献与展望》：http://www.xinhuanet.com/2019-04/22/c_1124400071.htm，2019年4月23日。

② 通过表2.1的统计性描述可直接获取平均值为0.218，标准差为0.317。

的贸易开放程度均从21.8%增至53.5%，但由于各省份面临的贸易条件波动性不同，因此，即便是同样幅度的贸易开放程度变化，其对经济波动的净效应也会存在差异，经济波动幅度可能趋于下降，也可能是上升，并且净效应程度也会完全不同。为了直观起见，图2.3（a）和图2.3（b）分别从两个不同的侧面系统而完整地刻画了这一情形。图2.3（a）展示了贸易开放对经济波动的净效应随着贸易条件波动性的变化而变化的差异化模拟结果，其横坐标是不同的贸易条件波动性，从中能够清晰地发现，预测值曲线呈现递增的态势。图2.3（a）中所提供的重要信息是，当贸易条件波动性较低（小于阈值0.15）时，贸易开放对经济波动的净效应为负，这说明贸易开放对经济波动的缓解效应超过了其加剧效应，最终使得贸易开放增强了经济增长的稳定性；但在贸易条件波动性较高（超过阈值0.15）时，贸易开放对经济波动的净效应为正，这意味着贸易开放对经济波动的加剧效应超过了其缓解效应，最终导致贸易开放加剧了经济增长的波动性，并且这种正向的净效应程度随着贸易条件波动性的提高而增大。

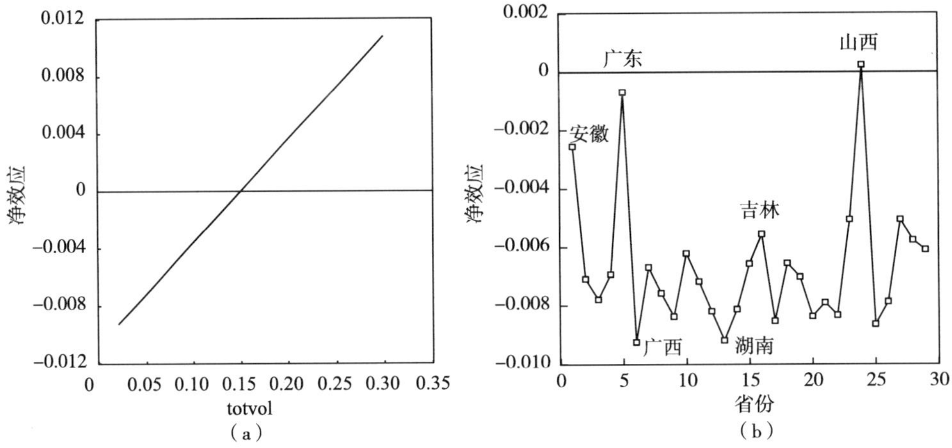

图 2.3　贸易开放对经济波动的净效应异质性模拟结果

此外，为了便于读者能够将省份与贸易开放对经济波动的净效应一一对应，图2.3（b）显示了贸易开放对经济波动的净效应的省际异质性结果，其横坐标是省份类别，1为安徽、2为北京、3为福建、4为甘肃、5为广东、6为广西、7为贵州、8为海南、9为河北、10为黑龙江、11为河南、12为湖北、13为湖南、14为江苏、15为江西、16为吉林、17为辽宁、18为内蒙古、19为宁夏、20为青海、21为山东、22为上海、23为四川、24为山西、25为陕西、26为天津、27为新疆、28为云南、29为浙江。根据图2.3（b）所示的模拟分析结果不难发现，预测值曲线呈现不规则分布态势，具体来讲，随着中国各省份贸易开放的不断深化，除山西之外的其余所有省份贸易开放对经济波动的净效应都将显著为负，但净效应程度存在明显的异质性。在这28个省份中，广西和湖南的进一步贸易开放稳定经济增长效果较好，而安徽和广东较差。以各省份贸易条件波动性中位数的北京为例，进一步的贸易开放将会使北京经济波动幅度下降0.007。此外，进一步的贸易开放总体而言有利于中国经济稳定，也揭示了贸易开放对经济波动的缓解效应绝对值将超过其加剧效应绝对值，这是由几乎所有省份的贸易条件波动性都低于前文计算的阈值0.15所致。确切地讲，在中国，只有山西的贸易条件波动性略高于阈值，达到0.153；其余省份的贸易条件波动性均低于阈值，其中，只有广东和安徽两个省份的贸易条件波动性接近阈值，分别为0.14和0.114，而其他26个省份的贸易条件波动性都低于0.08。综上，贸易开放对经济波动的净效应模拟分析结果为我们进一步完善中国贸易政策提供了来自区域经济波动视角的深刻理解和定量依据，也就是说，随着中国各地区对外开放的不断深化，对外贸易依存度会继续提高，各地区的经济波动幅度将会明显降低。源于中国的共建“一带一路”倡议凸显了中国在用实际行动推动经济全球化的进程。伴随“一带一路”倡议的有序推进，中国经济会形成全方位开放的新格局，根据本章研究结论可以预期：进一步的贸易开放将会明显增强中国经济增长的稳定性。因此，本章为党的十九大提出“要以‘一带一路’建设为重点”“形成陆海内外联动、东西双向互济的开放格局”及将推进“一带一路”建设写入党章提供了经济学基础和实证支持。

2.3.4　出口市场多元化对贸易开放加剧效应的调节作用

上文研究结果显示，贸易开放通过贸易条件渠道加剧了经济波动，而经由其他剩余渠道缓解了经济波动，并且贸易开放的净效应增强了中国几乎所有省份经济增长的稳定性。其中，剥离出来的贸易开放对经济波动的加剧效应具有非常重要的政策意涵：在“一带一路”建设推进的过程中，如果能够通过针对性的相应措施进一步削弱贸易开放的加剧效应，那么中国经济增长的稳定性将会更强。可见，政策制定者应该制定并执行有关政策措施，以便在收获贸易开放益处的同时有效控制其可能带来的风险。为此，我们进一步感兴趣的问题是：在中国贸易开放程度逐步加深的背景下，如何才能够有效削弱贸易开放对经济波动的加剧效应呢？出口市场多元化就是一个至关重要的有效政策手段。受Haddad等（2010，2013）的研究启发，我们认为，一个省份的贸易开放程度越高，该省份经济遭受贸易条件冲击时越脆弱，但这一脆弱性会随着该省份出口市场多元化程度的提高而显著下降。因为出口市场多元化存在类似金融领域的投资组合效应，能够显著降低国际商品市场价格波动带来的不利影响，进而保证出口收入的长期稳定和经济增长的持续（Ghosh and Ostry，1994；Bleaney and Greenaway，2001），也即出口市场多元化增强了该省份经济的风险规避能力，使该省份更好地规避和化解贸易条件波动所产生的不利影响，进而防范了贸易条件风险与其他潜在风险的叠加，最终避免了重大风险的出现。为此，出口市场多元化是削弱贸易开放的加剧效应的可行方法和有效手段。

基于以上的理解，我们可以推断：贸易开放、贸易条件波动与经济波动之间的关系将会受出口市场多元化的影响，具体表现为，出口市场多元化对贸易开放的加剧效应存在着负向的调节作用，出口市场多元化程度越高，贸易开放通过贸易条件渠道加剧经济波动的效应会越弱。由此可见，想要削弱贸易开放的加剧效应以进一步增强中国经济增长的稳定性，首先需要厘清贸易开放的加剧效应与出口市场多元化之间的确切关系，表2.5具体报告了出口市场多元化影响贸易开放的加剧效应的2SLS估计结果①。从中可以看到，随着更多控制变量的不断引入，由贸易开放、贸易条件波动和出口市场集中度构成的三重交互项的估计系数始终为正，并且在5%的水平上统计显著，这表明在平均意义上，出口市场多元化显著地负向调节贸易开放的加剧效应，也即是说，贸易开放的加剧效应将会随着出口市场多元化程度的提高而明显减弱，为此，我们的推断得到了经验验证。随着中国贸易开放程度的继续加深，为了削弱贸易开放的加剧效应，进一步提高中国出口市场多元化程度将是一个有效的政策手段。

表 2.5 出口市场多元化与贸易开放的加剧效应

被解释变量：vol				
估计方法	2SLS	2SLS	2SLS	2SLS
模型	（1）	（2）	（3）	（4）
open	-0.065^{***} （0.022）	-0.122^{***} （0.049）	-0.096^{**} （0.041）	-0.097^{**} （0.066）
open×totvol	0.264^{**} （0.377）	0.493^{**} （0.421）	0.452^{**} （0.298）	0.399^{**} （0.378）
open×totvol×market	0.332^{**} （0.943）	0.589^{**} （1.038）	0.222^{**} （0.699）	0.382^{**} （0.848）
open×market	0.039^{*} （0.024）	0.102^{**} （0.052）	0.090^{**} （0.044）	0.086^{*} （0.066）
totvol×market	-0.322^{**} （0.151）	-0.573^{***} （0.236）	-0.400^{**} （0.010）	-0.379^{*} （0.304）
hc	-0.028^{***} （0.006）	-0.055^{***} （0.012）	-0.097^{***} （0.015）	-0.125^{**} （0.053）
pop		0.077^{**} （0.034）	0.084^{***} （0.024）	0.085^{**} （0.039）

① 限于篇幅，被解释变量为人均经济波动的对应估计结果未报告，结论并无二致，备索。

续表

被解释变量：vol				
估计方法	2SLS	2SLS	2SLS	2SLS
模型	（1）	（2）	（3）	（4）
invest			0.028*** （0.009）	0.042*** （0.016）
gdp				0.0001 （0.011）
urban				−0.018 （0.012）
gov				−0.084* （0.052）
govvol				−0.106 （0.086）
crevol				−0.002 （0.034）
industry				0.034 （0.037）
常数项	−0.091*** （0.012）	−0.471** （0.251）	−0.464*** （0.179）	−0.440* （0.282）
F	3.144	2.557	3.478	3.222
Adj-R^2	0.265	0.087	0.273	0.242
地区 FE	是	是	是	是
时间 FE	是	是	是	是
观察值	138	138	138	138

注：圆括号内数值为标准误差

***、**和*分别表示在 1%、5%和 10%的水平上显著

结合中国的经济现实，中国的对外贸易发展模式为出口导向型，20世纪90年代初期，发达国家对中国进行贸易制裁凸显出中国出口市场过度集中于少数发达国家的明显局限性，为此中国实施了出口市场多元化战略①，出口市场集中度有所下降。根据本章指标口径的计算结果显示，它从1992年的0.71下降到2014年的0.48②，但最近一些年份的数值仍然高达近0.5，这说明中国出口市场过度集中的局面仍然没有得到根本性的改善（钱学锋和余弋，2014），也意味着中国出口目的国在数量上进一步扩张的空间仍然很大。长期以来，中国内地出口贸易主要依赖于美国、中国香港及日本、韩国等周边亚洲国家和地区，中国内地2014年对上述4个国家和地区的出口占中国内地出口总额的43%③，出口市场分布结构高度集中化

① 中共十六大报告指出实施市场多元化战略，发挥我国的比较优势，坚持以质取胜，努力扩大出口。

② 原始数据来源于《新中国六十年统计资料汇编》和各省份历年统计年鉴，经作者计算得出。

③ 原始数据来源于《中国统计年鉴 2015》，经作者计算得出。

的局面仍然非常严重，通过对外贸易空间流向的调整，拓展中国对外出口贸易在世界各国和地区的广度，实现中国对外贸易在国际市场范围内的布局分散化，是提高中国出口市场多元化程度的必然选择，而“一带一路”倡议的提出与加快推进为这一选择创造了绝佳的条件与机遇。“一带一路”是在中国经济进入“新常态”后所提出的新型开放型发展倡议。借助“一带一路”的建设，促进中国出口贸易对象的地理分布更加分散化，深入到更广阔的市场，以切实提高出口市场多元化程度，对于“新常态”下稳定中国经济增长至关重要。

对应于“一带一路”倡议主要内容之一的“贸易畅通”，通过扩大对沿线国家开放并推动双向经贸合作，拓宽中国贸易开放发展的国际市场空间，将会直接提高中国出口市场多元化程度。这意味着“一带一路”倡议本身就暗含了通过出口市场更加多元化以深化贸易合作的重要思路。对于出口贸易集中于美国和亚洲国家的中国来讲，与“一带一路”沿线国家的贸易往来必将是开拓性的，践行“一带一路”倡议就是在提高出口市场多元化程度。“一带一路”倡议受到沿线国家的追捧，中国商品将逐步打开当地市场，与以前完全没有贸易往来的一些沿线国家开展出口贸易，加大对从前有贸易往来的那些沿线国家市场的深度开拓，以开展更大范围和额度的出口贸易，这势必会降低中国出口对美国和亚洲国家市场的依赖，最终提高中国出口市场的多元化程度。本章的这一发现揭示了“一带一路”倡议的出口市场多元化角色，进而支持了中国当前加快推进的“一带一路”倡议。

中国对“一带一路”沿线国家出口贸易总额2014年为6369亿美元，占中国出口贸易总额的27%（公丕萍等，2015）。就地域范围来讲，“一带一路”倡议主要横跨欧亚大陆，中国对亚洲国家和地区的出口量已经很大，需要在巩固亚洲市场的同时，继续开拓欧洲市场。具体而言，中国与“一带一路”沿线亚洲国家的贸易合作历史悠久，信任基础非常高，这种市场必须继续维护。中东欧国家是联通亚欧大市场的纽带，是中国商品由陆路进入欧洲的门户，虽然中国与这些国家距离比较远，但偏好多样性使得有中国元素的商品在欧洲广受好评，为此应该在保持双方贸易合作的基础上拓展出口贸易。就经济发展而言，“一带一路”沿线的全部65个国家中，80%左右的国家落后于中国（佟家栋，2017），并且沿线国家和中国存在着极强的贸易互补性（韩永辉等，2015；徐梁，2016），为此贸易合作的潜力巨大，存在着非常大的市场。“一带一路”建设强势而深入的推进将为中国提供极其有利的出口空间，尤其是随着对“一带一路”沿线经济发展潜力巨大的中亚、西亚、中东欧国家出口市场的进入与开拓，中国出口市场多元化程度将会继续提高。进一步地，根据表2.5的估计结果，贸易开放的加剧效应必然将会随之削弱，进而使得中国经济波动幅度下降。这表明“一带一路”倡议具有现实基础。

2.4 本章小结

在“一带一路”建设不断深入推进及“防范化解重大风险”成为全面建成小康社会决胜期首位攻坚战的大背景下，本章从理论和实证两个层面考察了贸易开放对中国经济波动的影响，以期着重揭示贸易开放加剧经济波动的一种机制，为“新常态”下合理借助“一带一路”稳定中国经济增长提出新思路。具体而言，本章首先从理论上厘清了贸易开放影响经济波动的作用机制，然后利用1978~2014年中国29个省份的面板数据，采用OLS、FE和2SLS多种估计方法首次系统检验了贸易开放对中国经济波动的因果性影响机制，并进行了多种稳健性检验和内生性问题讨论，进而基于回归结果和样本实际数据模拟分析了贸易开放对中国经济波动的净效应，最后还深入考察了出口市场多元化对贸易开放加剧效应的调节作用。主要研究结论如下：第一，贸易开放影响中国经济波动的作用机制是多维度的，主要通过与贸易条件冲击相关的贸易条件渠道及与外部金融冲击、省际冲击和省内冲击相关的其他剩余渠道共同起作用。确切来讲，贸易开放程度越高，经济遭受贸易条件冲击时越脆弱，面临的贸易条件风险越大，进而导致经济波动幅度越大，即贸易开放通过贸易条件渠道加剧中国经济波动，但与此同时，贸易开放还经由其他剩余渠道缓解中国经济波动。上述主要结论在考虑了内生性问题、不同滤波方法、剔除异常样本点及多种估计方法之后依然十分稳健。第二，贸易开放的净效应模拟分析结果表明，进一步的贸易开放对中国经济波动的缓解效应绝对值大于加剧效应绝对值，最终导致贸易开放显著增强了中国经济增长的稳定性。第三，贸易开放的加剧效应随着出口市场多元化程度的上升而显著降低。在出口市场多元化程度不同的省份，贸易开放的加剧效应存在明显的异质性。省份出口市场多元化程度越低，贸易开放的加剧效应越强；省份出口市场多元化程度越高，贸易开放的加剧效应越弱。这一主要结论提示我们，在出口市场多元化程度高的情境中，进一步的贸易开放对经济波动存在更弱的加剧效应。

本章在现有研究文献的基础上主要做了如下五个方面的具体工作：第一，在研究视角上，通过将贸易开放、贸易条件和经济波动相联系，突出呈现贸易开放经由贸易条件渠道加剧经济波动的这一作用机制，本章拓展了现有关于贸易开放与经济波动相互关系的文献，加深了我们对贸易开放在省级层面经济增长稳定性上所造成影响的机制的理解，有利于和当前国际上的现有研究合理互补，而国内鲜有的相关研究均没有针对贸易开放影响中国经济波动的作用机制进行系统分析。第二，在研究手段上，通过使用丰富的省份面板数据，本章为理解贸易开放对经济波动的影响提供了地区层面的证据，并且采用地理因素构建贸易开放的外部工具变量，较好地避免了计量模型潜在的内生性问题，进而精准识别了贸易开放和中国经济波动的因果性。第三，在研究内容上，本章还针对进一步的贸易开放总体而言是加剧还是缓解中国经济波动首次给出了预测性的模拟分析，进而给政策制定者提供了定量层面的决策参考。第四，在研究方法上，选择多种估计方法（OLS、FE和2SLS），采用多种经济波动指标处理策略（GDP增长率的5年窗口标准差、HP滤波法、BK滤波法），基于不同范畴的样本（去除5个异常省份和10个异常省份的数据）获得计量模型的估计参数，以提高本章主要结论的可靠性和可信度。第五，在研究思路上，本章还进一步引入了出口市场集中度指标所度量的出口市场地理分布格局这一因素，首次确切考察了贸易开放对经济波动的加剧效应是否受制于出口市场多元化程度，发现更加多元化的出口市场地理分布将削弱贸易开放的加剧效应，进而基于出口目的国分散化的维度证实了在"新常态"下，中国倡导的"一带一路"倡议本身暗含了通过出口市场更加多元化以深化贸易合作的思路，将会是稳定中国经济增长的极具操作性和可行性的重大倡议，这为"一带一路"倡议的实施提供了一定的理论基础和实证依据。

在宏观经济已经进入"新常态"的背景下，中国坚定不移地实施对外开放的基本国策，"一带一路"倡议有条不紊地推进。如何在收获贸易开放益处的同时防范化解经由贸易条件渠道所产生的经济大幅波动的风险，是中国"新常态"下亟待解决的关键问题。本章研究结论所隐含的政策含义是显而易见的：第一，既然贸易开放总体而言有利于增强中国经济增长的稳定性，那么，进一步扩大和深化贸易开放必然是正确的抉择，这为中国"一带一路"建设提供了来自稳增长视角的证据支持。第二，由于贸易开放能够通过贸易条件渠道加剧中国经济波动，因此，为了有效改善中国经济遭受贸易条件冲击时的脆弱性，需要继续深化贸易自由化改革。第三，出口市场多元化程度的上升会削弱贸易开放的加剧效应，即出口目的国分散化是改善中国经济遭受贸易条件冲击时的脆弱性的关键因素。因此，在近期中央政府部署更加积极主动的对外开放战略情况下，深化贸易自由化改革可以从促进出口市场分散化的视角着手，全面推动对外开放格局的贸易合作空间，以切实削弱贸易开放的加剧效应，增强中国经济增长的稳定性。本章也及时回应了中国首倡并深入推进的"一带一路"建设，其通过促进中国出口贸易目的国地理分布更加分散来提升出口市场多元化程度，对贸易开放加剧效应的削弱作用预期是显著和可观的。出口市场分散化的全球布局，是深化贸易自由化改革的必然选择，而"一带一路"倡议的提出为这一选择创造了良好机遇。长期以来，中国出口贸易主要依赖美国和周边亚洲国家，这种出口贸易市场结构过于集中化的风险非常大。"一带一路"倡议将有助于深化中国与沿线国家的贸易合作，将中国的供给与沿线国家的需求有机对接，进而为双赢创造了美好愿景。

本章研究所得到的主要结论一方面丰富了经济波动影响因素的相关文献，另一方面对中国倡议并积极推进的“一带一路”建设能否增强中国经济增长稳定性的疑问做出了明确的回答，同时还提供了出口市场多元化负向调节贸易开放加剧效应的经验证据，是对现有研究的有益补充。

第 3 章　贸易开放对中国消费过度敏感性的影响

坚持扩大内需战略，建立扩大消费需求的长效机制，是中国经济发展的基本立足点和长期战略。扩大内需有利于中国经济的可持续发展，但曾经出台的一系列有针对性的扩大内需政策措施的效果却并不理想，消费不足现象依然存在。究其原因是中国居民的消费行为还没有被学术界深刻理解，进而造成对中国居民消费行为不够了解的政府部门无法找准政策切入点。中国居民消费行为的变化有更深层次的潜在因素，消费过度敏感性就是其中至关重要的一个。中国居民消费对居民收入存在过度敏感性特征，无论是对城镇居民（Deng and Jin，2008）还是对农村居民（Luo，2007）而言都是如此。中国经济的可持续发展亟待扩大内需，扩大内需亟须纠正居民消费过度敏感性，因此更好地理解居民消费过度敏感性的原因尤为重要。为使扩大内需尤其是刺激消费政策更有成效，更好地理解并矫正居民消费的过度敏感性显得尤为重要，也是一项非常具有挑战性的任务。

针对居民消费行为的过度敏感性，学术界往往只是采用省级层面的居民消费数据对过度敏感性的存在性进行实证研究，政府部门通常至多了解到一个省份居民消费是否疲软及其程度，但这是远远不够的。经济学者更需要知道省份居民消费过度敏感性这一外在现象背后究竟包括了哪些错综复杂的细节，进而将省级层面居民消费数据进行深入的合理剥离，只有如此，才可能获取关于居民消费过度敏感性的更全面信息，以揭示居民消费存在过度敏感性的原因，政府部门才能有的放矢。一个省份居民消费的过度敏感性体现的是两部分的内在结合：一部分是全国所有省份居民消费都存在的过度敏感性，另一部分是只有该特定省份居民消费存在而其他省份居民消费不存在的过度敏感性。全国居民消费过度敏感性背后反映的是全国层面的经济状况，而省份居民特定消费过度敏感性背后反映的是本省份特定的经济形势。只有将省级层面的居民消费数据进行合理剥离，才能发现究竟是哪个层面的经济情形主要造成一个省份居民消费的过度敏感性。研究发现省级居民消费过度敏感性明显大于省级居民特定消费过度敏感性，因此省份居民消费的过度敏感性主要反映的是全国层面的经济状况。

既然主要是全国层面经济状况而非省份特定的经济形势造成省份居民消费存在过度敏感性，那么需要进一步探讨的是，全国层面何种经济状况通过造成全国居民消费的过度敏感性进而导致省份居民消费存在过度敏感性呢？封闭经济约束假说（Ostergaard et al.，2002）为解释居民消费过度敏感性提供了来自经济一体化的新视角。封闭经济约束假说认为，国际商品和金融市场一体化程度弱于国内商品和金融市场一体化程度，就市场约束而言，受国际市场的约束导致一个地区居民消费存在过度敏感性，受国内市场的约束也是如此。但一国某个地区居民消费过度敏感性主要归因于国际商品和金融市场约束，而不是国内商品和金融市场约束。我国与其他贸易伙伴国家之间的国际市场一体化程度始终远低于各省份之间的国内市场一体化程度（Poncet，2003，2005），导致全国居民消费相对于省份居民特定消费存在更大的过度敏感性，进而造成省份居民消费过度敏感性，因此主要是国际市场约束导致一个省份居民消费的过度敏感性。既然国际市场约束是造成省级居民消费过度敏感性的主要根源，那么一国内的所有省份对外贸易越开放，省级居民消费过度敏感性会直接降低吗？封闭经济约束假说认为答案是肯定的（Dejuan and Luengo-Prado，2006），但该假说却没有考虑国际市场和国内市场之间的潜在联系。在中国，贸易开放（反映国际市场约束）对国内市场分割程度（反映国内市场约束）存在非线性的影响（陈敏等，2007；陆铭和陈钊，2009；黄玖立，2011），因此需要对封闭经济约束假说进行拓展分析。拓展后的封闭经济约束假说认为，伴随贸易的开放，省份居民消费过度敏感性会呈现倒“U”形的非线性态势。本章采用中国省级层面数据的经验研究结果支持拓展后的封闭经济约束假说，并且还发现我国目前总体而言贸易开放程度低于临界值，因此进一步的贸易开放是矫正中国居民消费过度敏感性的一项重要政策。

本章的结构安排如下：3.1节简要分析与本章有关的已有研究，从中揭示本章理论机制；3.2节是理论模型及其拓展分析；3.3节是消费过度敏感性的特征事实检验；3.4节实证检验了与商品市场相关的封闭经济约束假说；3.5节实证检验了与金融市场相关的封闭经济约束假说；3.6节是结论与政策含义。

3.1 理论机制

消费过度敏感性是与持久收入假说和随机游走假说（Hall，1978）相联系的一个重要概念。持久收入假说与随机游走假说是20世纪后半叶以来消费理论的主要分析框架。持久收入假说认为，消费取决于持久收入。随机游走假说认为，如果消费者关于持久收入的预期是理性的，那么消费遵循一个鞅过程，滞后消费就是当期持久收入的最佳预期，因此当期消费只与滞后消费有关，包括滞后收入在内的其他所有变量对当期消费都没有任何解释或预测的能力（Hall，1978）。Flavin（1981）率先尝试对上述消费理论假说进行经验检验，结果却发现当期消费与滞后收入存在着显著的正相关关系，他把这种现象称为消费的过度敏感性。后续的大量经验研究也同样发现了消费行为的过度敏感性特征（Flavin，1981；Hayashi，1982；Campbell and Mankiw，1987；Nelson，1987；Luo，2007；Deng and Jin，2008）。

如何解释消费理论假说与经济现实的这一严重背离成了经济学研究的一个前沿课题。对此，国外学者提出了多种可能的解释。上述消费理论假说的几个重要假定包括：第一，消费者具有理性预期；第二，消费由持久收入来决定；第三，完美的资本市场使得消费者能够根据预期未来收入以同样的实际利率进行借贷。经济学者主要是从这几个理论假定作为切入点试图找到真正的内在原因，即分别从短视消费者（Wilcox，1989）、流动性约束（Flavin，1985；Zeldes，1989；Jappelli and Pagano，1989；Campbell and Mankiw，1991；Bacchetta and Gerlach，1997）、不确定性（Madsen and McAleer，2000）和预防性储蓄（Caballero，1990；Normandin，1994）中的一个或几个角度出发尝试对消费的过度敏感性给出理论解释。

这些潜在原因的影响机制如下：①短视消费者。在消费者出现短视的情形下，消费紧密跟随收入，消费对收入的上升与下降应当具有同样的敏感性，即消费相对于收入的变动呈现出对称性（Shea，1995；Drakos，2002；Khan and Nishat，2011）。②流动性约束。当消费者面临收入暂时下降时，由于不能或者只能较少地从信贷市场借钱以平滑消费，那么他们只能依据当前收入行事，因此流动性约束使得当前收入对消费的重要性比持久收入假说预言的更大。流动性约束下的消费行为是不对称的，在流动性约束下，相对收入下降来说，消费对于可预测的收入增加应当反应得更为强烈。这是由于消费者只有在收入较低或者收入下降的情况下才会面临信贷限制，流动性约束只会妨碍信贷而不会对储蓄造成影响，当预期收入上升时，流动性约束的放松使得受到约束的消费者能迅速增加消费（Shea，1995；Drakos，2002；Khan and Nishat，2011）。③不确定性。不确定性主要是指未来收入和消费支出的不确定，有关研究表明，收入或消费支出的不确定性会使消费者更加谨慎并且对现期收入更加敏感。收入不确定性使消费者的行为更谨慎，并且使消费对当前收入更敏感：预期收入增加将降低预防性储蓄，进而增加当前消费；相反，收入下降会增加预防性储蓄，从而减少当前消费。这样就建立了当前消费与预期收入的正相关关系。针对如上所述的多种可能解释，学术界最终并没有找到一个让所有经济学者都认可的理论解释，仍存在很大的争论。

在已有国外研究的基础上，该领域又出现了一个新的研究脉络。研究重点已不再仅局限于消费是否存在过度敏感性的检验及其理论解释上，而是转向深入挖掘不同层面消费数据所反映出来的消费过度敏感性变动（Ostergaard et al.，2002；

Dejuan and Luengo-Prado，2006；Xu，2009）。起初，Ostergaard等（2002）最先采用美国州际及加拿大省际的居民消费和收入数据对消费与滞后收入之间的关系进行实证研究，结果显示美国和加拿大州（省）际居民（region-level）消费对滞后的州（省）际居民收入非常敏感，但控制了全国层面居民消费和收入波动之后的州（省）际居民特定（region-idiosyncratic）消费对滞后州（省）际居民特定收入却不是很敏感。概言之，地区消费对滞后地区收入过度敏感，然而在控制了国家层面的总体波动之后，敏感性系数大大降低。随后，遵循Ostergaard等（2002）的研究思路，Dejuan和Luengo-Prado（2006）基于英国、联邦德国、意大利、西班牙、日本、美国和加拿大各自内部的跨区域经验数据，以及Xu（2009）基于中国省际数据的定量分析结果均表明，国家内部的不同地区居民特定消费过度敏感性比地区居民消费过度敏感性更弱。因此，关于消费过度敏感性变动的这一典型特征得到了Dejuan和Luengo-Prado（2006）及Xu（2009）后续研究的进一步印证。

对于居民消费过度敏感程度的变动这一经验结果，Ostergaard等（2002）提出了封闭经济约束（closed-economy constraints）假说，试图从理论层面给出合理解释。因此，该领域就又出现了一个来自经济一体化崭新视角的理论解释：封闭经济约束是居民消费存在过度敏感性的重要原因（Ostergaard et al.，2002；Dejuan and Luengo-Prado，2006；Xu，2009），简称为封闭经济约束假说。Ostergaard等（2002）试图用封闭经济约束假说来说明国际商品市场和金融市场开放的广度和深度不够是消费过度敏感性的重要原因。封闭经济约束假说为解释地区层面居民消费过度敏感性提供了来自经济一体化的新视角。该假说认为，国际商品和金融市场一体化程度低于国内商品和金融市场一体化程度，仅就国际商品和金融市场及国内商品和金融市场而言，主要是更封闭的国际商品和金融市场导致了一国各地区居民存在明显的过度敏感性。该假说的内在逻辑是：一国某个地区居民消费和收入的变化可分为内在结合的两部分，一部分是全国所有地区都存在的变化，另外一部分是该地区特有（其他地区没有）的变化，而一个国家居民消费和收入的变化恰是所有地区平均而言的消费和收入变化；当居民的消费需求突然增加时，不仅需要考虑到销售者的产品供给能力以满足商品的可获得性，而且需要通过融资来满足消费能力；当一国居民消费需求突然增加时，为满足商品可获得性和消费能力，只能在国际商品市场和金融市场上从其他国家进口和融资；当国内某个地区的居民消费需求突然增加时，既可以在国际商品市场和金融市场上从其他国家进口和融资，也可以在国内商品市场和金融市场上从其他地区（即那些消费需求减少的地区）“进口”和融资；不同国家之间的国际商品市场和金融市场的一体化（封闭）程度低（高）于一国内部不同地区之间的商品市场和金融市场的一体化（封闭）程度，该地区的销售者从其他地区“进口”要比从其他国家进口更容易，该地区居民从其他地区融资要比从其他国家融资的难度更小；市场更封闭意味着消费能力和商品可获得性更低，面临消费需求的突然增加，商品价格必然上升得更显著，导致只有滞后收入更高的消费者，突然增加的消费需求才可能得到满足，即消费对滞后收入过度敏感。地区总体层面数据同时体现了国际市场和国内市场的封闭状况，地区特定层面数据（即地区总体层面数据减去全国总体层面数据）只体现了国内市场的封闭状况；因此，国际市场相对于国内市场的更封闭，导致了根据地区总体层面数据分析消费对滞后收入依赖性时，消费对滞后收入高度敏感，而根据地区特定层面数据分析消费对滞后收入依赖性时，特定消费对滞后收入敏感程度明显降低。因此，一国各地区居民消费过度敏感性主要归因于国际市场相对于国内市场的更封闭。封闭经济约束假说是Ostergaard等（2002）为了解释消费过度敏感性提出的一种理论推断，但他们并没有对这一假说的合理性和普适性进行具体的经验验证，Xu（2009）也没有通过系统的经验研究来验证这一理论假说。为了检验封闭经济约束假说，需要通过构造交互项来分析经济开放对地区居民消费过度敏感性的影响。与其不同，Dejuan和Luengo-Prado（2006）基于英国、联邦德国、意大利、西班牙、日本、美国和加拿大各自内部的跨区域经验数据，通过构造包含交互项的计量经济模型对封闭经济约束假说进行了实证检验，研究结果支持这一理论假说。这是这一研究领域最新的重要进展。

国内学者也针对中国居民消费行为是否存在过度敏感性及其原因进行了有益的探讨。基于共同研究城乡居民及单独研究城镇居民或农村居民三个不同视角的实证研究表明：①中国城乡居民的消费都存在过度敏感性（王合绪和夏阳，2000；艾春荣和汪伟，2008；张邦科和邓胜梁，2012）。进一步地，王合绪和夏阳（2000）发现流动性约束是中国城乡居民消费过度敏感性的一个重要原因；艾春荣和汪伟（2008）发现城镇居民的消费过度敏感性归因于损失厌恶而非流动性约束，而农村居民的消费过度敏感性则是由流动性约束或短视造成的；张邦科和邓胜梁（2012）发现城乡居民消费过度敏感性的原因由分别为损失厌恶和流动性约束，最终均演变为短视行为。②中国城镇居民消费是过度敏感的（申朴和刘康兵，2003；宋冬林等，2003；杭斌和申春兰，2004；王芳，2007；田青和高铁梅，2009），可能的解释包括不确定性引发的黏性预期、远期和理念上的流动性约束、非理性和非生命周期行为的作用（宋冬林等，2003）、不确定性和流动性约束（申朴和刘康兵，2003；杭斌和申春兰，2004）。③中国农村居民消费存在过度敏感性（朱信凯，2005；徐会奇等，2010），这归因于农户预期收入的不稳定，而预期收入的不稳定主要是由于农业的市场风险和气候因素的不确定性。这些研究都是采用1978年改革开放之后的数据进行定量研究的。

具体来讲，王合绪和夏阳（2000）使用中国城乡居民1981~1998年的收入、消费和利率经验数据实证分析了城乡居民消费是否存在过度敏感性，并对其是否归因于流动性约束进行了进一步检验，研究发现中国城乡居民的消费都明显存在过度敏感性，且过度敏感性的非对称性意味着流动性约束是中国城乡居民消费过度敏感性的一个重要原因。申朴和刘康兵（2003）通过对Campbell和Mankiw（1990）消费过度敏感性模型的扩展，建立了一个规范的计量经济模型，选择1982~2000年中国宏观经济有关数据，采用工具变量法对转轨时期城镇居民的消费行为及影响因素进行的经验分析结果显示：城镇居民的当前消费对当前收入具有过度敏感性，在综合考虑流动性约束、不确定性和实际利率等变量后，消费过度敏感性进一步增强，流动性约束和不确定性对消费具有显著的负效应，表明城镇居民的消费行为确实受到这些因素的显著影响，因此城镇居民在收入增长率减缓并面临较强的不确定性和流动性约束条件下，必然会减少当前消费，增加储蓄，进而导致目前消费疲软和总需求不足的状况。宋冬林等（2003）利用Campbell和Mankiw（1989，1990，1991）模型，运用1978~2000年数据，使用可变参数方法对我国城镇居民消费过度敏感性进行了检验和成因分析，发现我国城镇居民消费行为存在明显的过度敏感性，由不确定性引发的黏性预期、远期和理念上的流动性约束、非理性和非生命周期行为的作用等促发了居民消费的过度敏感性特征，消费过度敏感性在相当大程度上对我国政府制定的拉动内需政策产生了负面影响。杭斌和申春兰（2004）利用1978~2002年的有关统计数据和状态空间模型对我国城镇居民的消费过度敏感性进行了变参数分析，得到如下主要结论：1990年之前，消费对同期收入的过度敏感系数下降很快，但在此之后过度敏感系数却稳中有升，预防性储蓄动机和流动性约束增强是近年来城镇居民消费过度敏感系数提高的主要原因。朱信凯（2005）首先选取1978~2003年我国农户人均纯收入和生活消费支出的年度数据进行检验，发现农民消费存在过度敏感性；然后未经系统检验的情况下认为农民消费过度敏感性主要归因于农民的谨慎消费心理，也即消费过度敏感性反映了农民消费的谨慎性，农民之所以消费谨慎是因为他们预期收入具有不稳定性，而预期收入的不稳定主要是由于农业的市场风险和气候因素的不确定性；并进一步解析消费过度敏感性与消费水平的关系，认为谨慎心理是农民消费水平的重要解释变量，提出“浴盆”曲线假说，该假说中心思想是在一定时期内，农民消费过度敏感性由小到大的变化，使农民消费水平经历一个由急剧下降到缓慢增长的过程；最后使用2001~2004年组织的四次大规模住户调研一手资料验证其假说，该假说得到证实。

针对国内现有研究缺少对不同收入阶层的消费过度敏感性的分析及由于样本容量的不足导致模型拟合及预测能力不强的局限性，王芳（2007）利用1992~2004年城镇居民七个阶层的人均可支配收入和人均消费数据，使用面板数据模型分析了我国城镇不同收入阶层居民消费的过度敏感性，研究发现各阶层居民消费都存在着过度敏感性，且过度敏感性系数的大小在各阶层中呈现倒草帽形分布。艾春荣和汪伟（2008）从具有内部习惯偏好的消费函数出发，在考察中国典型城乡二元经济结构下城镇与农村居民消费模式可能存在的系统性差异基础上，对Zeldes（1989）、Campbell和Mankiw（1990）等模型进行理论扩展，并结合短视行为、流动性约束与预防性储蓄等理论假说实证研究了城乡居民的消费是否存在过度敏感性及其成因，运用1995~2005年省际城乡居民的收入、消费和利率等面板数据，基于差分广义矩（generalized method of moments，GMM）和系统GMM方法对动态面板数据模型进行了估计，结果表明：无论是城镇还是农村居民的消费变动都呈现出对预期收入变动的过度敏感性；城镇居民总消费变动的敏感性系数明显高于农村，城镇居民的非耐用消费支出变动的敏感性系数低于农村；过度敏感性表现出明显的非对称模式，城镇居民消费过度敏感性支持损失厌恶理论，不支持流动性约束，农村居民消费过度敏感性支持流动性约束或短视假说。田青和高铁梅（2009）首先分析了经济转轨时期我国城镇居民消费的主要影响因素，然后运用1992~2008年城镇居民七个不同收入组面板数据模型检验不同收入群体消费的过度敏感性，结果显示城镇居民消费存在明显的过度敏感性，且不同收入居民的消费过度敏感性不同，低收入者的消费敏感性较强，高收入者的消费敏感性较弱。在引入不确定性因素后，不同收入阶层的消费过度敏感性均有不同程度的下降，这说明不确定性尤其是预期支出的不确定性是影响居民消费过度敏感性的重要原因。徐会奇等（2010）为了综合考虑各类影响农民消费的主要因素，从理论上构建了一个包含过度敏感性、消费短视、消费惯性和主观性等特征的综合模型，并基于1979~2007年中国农民人均消费和收入等时间序列样本数据对该理论模型进行了实证检验，结果表明该理论模型对我国多因素影响下的农民消费行为有较强的解释力，尤其是农民消费对当期收入存在较强的过度敏感性。张邦科和邓胜梁（2012）在推导居民消费过度敏感性非对称分析的理论模型基础上，采用中国1980~2009年省级面板数据对我国居民消费的过度敏感性进行非对称分析，结果表明：近30年来，随着制度的变迁，农村和城镇居民消费的过度敏感性均发生变异，20世纪80~90年代末分别呈现流动性约束和损失厌恶特征，20世纪90年代末以来均演变为短视行为。

通过系统梳理已有国内文献的研究动态可以发现：既往国内研究都是采用1978年改革开放之后的样本数据进行定量研究，对中国居民消费过度敏感性的原因进行了计量统计分析与探讨，从不同的视角、基于不同的方法提供了许多很有价值的洞见，但是已经发现的短视行为、流动性约束和不确定性这些原因都可以归属为“改革”维度，目前尚未有相关文献从“开放”维度来解释居民消费过度敏感性。商品市场开放对于中国宏观经济举足轻重，不仅已经帮助中国经济实现几十年的高速增长，也使中国居民可购买的商品更加多样化，满足和丰富了中国居民日益增长的物质文化需要。同样，更高的金融市场开放程度提供了利用国际资金来缓解国内居民流动性约束的机会（Easterly et al.，2001a），使得居民借贷更容易；也使得受信贷约束的国内私营企业信贷更容易(Héricourt and Poncet, 2009)。因此，探究商品市场开放和金融市场开放对消费过度敏感性的影响，不仅有利于更好地理解经济开放的益处，更有助于为扩大内需提供来自经济开放视角的新理解，本章研究内容恰是从这一崭新的视角进行了宝贵尝试。

上述国内外文献的最新研究动态为我们进一步系统探究中国居民消费过度敏感性及其成因提供了重要启示。已有国内外文献的研究脉络清晰显示：第一，居民消费过度敏感性的这一变动性特征得到了后续经验研究的支持。第二，与其他检验居民消费过度敏感性的经验研究通常采用横截面数据或时序数据有所不同，检验封闭经济约束假说的经验研究更多地集中在跨地区面板数据。中国是一个经济处于转型期的发展中大国，随着中国经济的奇迹般增长和国际影响力的提升，封闭经济约束假说是否普适于中国经济尤其值得特别关注。这主要基于如下的考虑：第一，研究中国消费过度敏感性有助于对发展中国家消费过度敏感性的理解，因为中国仍属于发展中国家，展现了发展中国家很多重要的特征。例如，中国存在地区差距，并且地区差距有逐渐增大的态势，许多发展中国家也存在类似特征。这种情况下，包括中国在内的发展中国家的不同地区居民面临的来自商品和金融市场封闭经济约束可能并不比美国和加拿大等发达国家小，甚至可能更大。第二，更好地理解像中国这样处于转型期的发展中国家的消费过度敏感性能够提供一些独特的视角，而这些独特视角在针对发达经济体的现代经济学研究中是无法获取的。例如，与许多发展中国家一样，二元经济结构仍是中国转型经济的典型特征之一。中国针对城乡居民的社会福利、医疗和社会保障存在巨大差异，户口登记制度导致农民工仍难以获得城镇居民可获得的一切待遇，城镇居民的消费和收入水平通常高于农村居民。这说明城乡居民的消费行为特征会有所不同，因此更好地理解中国居民的消费行为，需要系统探讨封闭经济约束假说是否同时适用于解释地区城乡居民的消费过度敏感性。在中国任何一个省份，城乡居民的消费和收入不仅要受中国整体经济形势的影响，还要随着本省份经济发展的变化而变化。如果根据一个省份内的城乡人均消费和收入数据研究消费过度敏感性，只能发现本省份城乡居民的总体消费行为特征。如果将一个省份内城乡人均消费和收入受全国经济形势影响的部分排除在外，通过剔除全国影响的省份内城乡特定人均消费和收入数据分析消费过度敏感性，就能发现本省份城乡居民的特定消费行为特征。Xu (2009) 采用中国省级面板数据检验了消费过度敏感性变动，但该文献并没有讨论消费过度敏感性变动对于城镇和农村居民而言是否都是稳健的，也没有对封闭经济约束假说能否解释居民消费过度敏感性变动进行检验。如果仅笼统地分析一个省份居民消费对滞后收入的过度敏感性，可能会掩盖一些蕴含重要城乡特定经济信息的真实情况，采用省级城乡数据可能会发现一些采用省级总体数据时遗漏的重要信息。因此，本章通过计量模型实证分析下列问题：①省级城乡居民消费存在过度敏感性吗？如果是，省级城乡居民消费过度敏感性在控制了总体波动后会明显减弱吗？②封闭经济约束是导致居民消费过度敏感性变动的重要原因吗？如果是，其表现形式有无不同？如果有，特殊的表现形式又如何？③造成消费过度敏感性变动的因素能否通过政策手段加以改变？

本章的具体研究内容按照如下所示的步骤渐进展开：首先，使用中国1985~2007年29个省份的城乡居民消费和居民收入面板数据，系统研究省级居民（province-level）消费过度敏感性和省级居民特定（province-idiosyncratic）消费过度敏感性之间的变动，以期得到关于中国居民消费行为的典型化特征。其次，结合中国的经济开放会显著影响国内区域市场分割程度的经济现实，对国外经济学者提出的封闭经济约束理论假说（Ostergaard et al.，2002；Dejuan and Luengo-Prado，2006）进行理论模型拓展研究与分析。最后，使用中国29个省份的城乡居民消费、城乡居民收入、贸易开放和金融开放的面板数据，细致检验拓展后的封闭经济约束假说，并采用工具变量法处理潜在的内生性问题。因此，本章研究内容不仅是一项关于居民消费过度敏感性变动的评估，更是对经济开放通过影响国内区域市场分割程度的渠道进而影响居民消费行为的研究。

综上所述，可以发现大多数已有研究文献都仅仅是在封闭经济中研究居民消费过度敏感性，而本章则基于中国经济开放程度越来越高的背景，将经济开放对国内市场分割的影响纳入居民消费过度敏感性的研究之中，着重深入探究经济开放、国内市场分割与居民消费过度敏感性变动之间的内在机理，拓展封闭经济约束假说，并对拓展后的假说进行经验验证。

3.2 理论模型拓展

本章提供了与居民消费过度敏感性这一研究领域相关的四个经典的理论模型，其先后顺序即为理论模型逐渐发展的大致脉络：首先，是Campbell和Mankiw（1989，1990）建立了用于验证居民消费是否存在过度敏感性的基准模型；其次，是Ostergaard等（2002）分析地区层面居民消费过度敏感性变动时采用的理论模型；再次，是Dejuan和Luengo-Prado（2006）用来实证检验Ostergaard等（2002）所提出的封闭经济约束假说时构建的基础理论模型；最后，是本章用于检验结合中国经济现实拓展后的封闭经济约束假说时构建的理论拓展模型。下面依次展开详细分析。

3.2.1 消费过度敏感性模型

Campbell和Mankiw（1989，1990）建立了一个供后续研究广泛参照的消费过度敏感性经典基准模型。他们放弃了跨期最优的分析框架，而是直接从消费总量入手，把消费者分为两类异质行为人，并假设经济中只存在这两类消费者。第一类消费者是具有理想预期的消费者，其消费行为符合Hall（1978）理性预期版本的持久收入假说，用模型能够表示为

$$C_{1t} = C_{1t-1} + e_t \tag{3.1}$$

式中，C_{1t}表示第一类消费者的当期实际消费；e_t表示随机扰动项，且$E(e_t) = 0$。该模型表明，如果消费者关于持久收入的预期是理性的，那么消费遵循一个鞅过程，滞后消费就是本期持久收入的最佳预期，预料之中的收入变化对消费没有任何影响，而消费变化仅取决于有关持久收入变化的新信息e_t，即$\Delta C_{1t} = e_t$。第二类消费者的消费行为具有Keynes（1936）绝对收入消费理论所描述的特征，这类消费者的消费决策只依赖于当期收入，用模型可表示为

$$\Delta C_{2t} = \Delta Y_{2t} \tag{3.2}$$

式中，ΔC_{2t}和ΔY_{2t}分别表示第二类消费者的当期实际消费增量和当期实际收入增量。经济中的总消费为$C_t = C_{1t} + C_{2t}$，总收入为$Y_t = Y_{1t} + Y_{2t}$。进一步假设消费者总人数为N_t，第一类消费者和第二类消费者的人数分别为N_{1t}和N_{2t}，那么$N_t = N_{1t} + N_{2t}$，与其相对应的人均实际消费和人均实际收入分别为$c_t = C_t / N_t$，$c_{1t} = C_{1t} / N_{1t}$，$c_{2t} = C_{2t} / N_{2t}$，$y_t = Y_t / N_t$，$y_{1t} = Y_{1t} / N_{1t}$，$y_{2t} = Y_{2t} / N_{2t}$。其中，c、y代表人均值，C、Y代表总量。因此，将$C_t = C_{1t} + C_{2t}$两边同时除以N_t后发现，人均实际消费为两类消费者人均消费的加权平均数：

$$c_t = (1-\lambda)c_{1t} + \lambda c_{2t} \tag{3.3}$$

式中，$\lambda = N_{2t} / N_t$表示第二类消费者人数占总人数的比例。

同理，$\Delta C_t = \Delta C_{1t} + \Delta C_{2t} = \Delta Y_{2t} + e_t$可以表示为

$$\Delta c_t = \lambda \Delta c_{2t} + (1-\lambda)\Delta c_{1t} = \lambda \Delta y_{2t} + (1-\lambda)e_t \tag{3.4}$$

假定收入在两类消费者中的分配是均匀的，那么两种居民人均实际收入变化相等：$y_{1t} = y_{2t} = y_t$，也即$\Delta y_{1t} = \Delta y_{2t} = \Delta y_t$，则有

$$\Delta c_t = \lambda \Delta y_t + \varepsilon_t \tag{3.5}$$

式中，$\varepsilon_t = (1-\lambda)e_t$表示随机误差项。这一模型是国际学术界广泛应用于研究居民消费过度敏感性问题的计量经济模型。这一模型表明，消费的变化Δc_t由当期收入变动Δy_t和持久收入变动ε_t共同决定。λ为消费过度敏感性系数，如果λ的估计值显著地异于零，那么表明消费呈现出对收入的过度敏感性，并且λ越大，消费对当期收入的过度敏感性越强。

3.2.2 消费过度敏感性变动模型

国外的后续研究对上述理论分析框架进行了拓展，其中一个方向是出于工具变量的考虑，采用消费变化对滞后收入变化进行回归（Campbell and Mankiw,

1991）[①]。Ostergaard等（2002）在分析地区层面消费过度敏感性变动时，采用的模型就是如此。然而，正如Mankiw等（1985）指出的，如果收入不是趋势平稳的，上述检验方法就倾向于产生偏差，即便实际不存在过度敏感性，也将会得到虚假的过度敏感性结论。Ostergaard等（2002）采用的样本数据单位根检验结果显示，自然对数形式的水平收入和异质收入都存在单位根，因此，不难推断去掉自然对数之后的收入水平必然存在显著的单位根。基于此，需要采用消费增长对滞后收入增长进行回归，这样就可以避免非平稳的滞后收入水平带来的推断问题。

具体而言，Ostergaard等（2002）的方法是采用两个层面的面板数据构建计量经济模型。第一，采用地区层面消费和收入数据考虑居民消费对滞后收入的过度敏感性；第二，使用剔除了全国总体性特征之后的地区特定消费和特定收入数据，考虑居民特定消费对滞后特定收入的过度敏感性。检验消费过度敏感性的标准方法是通过当期消费变化对滞后收入变化进行回归，C_{it} 和 Y_{it} 都是非平稳序列，为了避免可能存在的偏差，进行经验研究时通常采用两个序列各自的一阶差分序列，具体计量模型1为

$$\Delta C_{it} = \alpha_i + b_1 \Delta Y_{i,t-1} + \varepsilon_{it} \tag{3.6}$$

式中，C_{it} 表示地区i在第t期的实际人均消费自然对数；$Y_{i,t-1}$ 表示地区i在第t–1期的实际人均可支配收入自然对数；α_i 表示常数项；b_1 表示用于衡量消费过度敏感性的系数；ε_{it} 表示残差项。如果持久收入假说成立，那么当期消费与滞后收入无关，系数b_1应该为零。如果系数b_1非常显著地不等于零，则说明消费存在过度敏感性。

对于地区层面数据来讲，如果存在消费过度敏感性，可能的原因有两个：第一，本国与其他国家之间尚未实现商品市场一体化和金融市场一体化；第二，国内该地区与其他地区之间尚未实现商品市场一体化和金融市场一体化。地区层面居民消费和收入数据既包含了全国层面的总体波动，也包含了地区自身的特定波动。与本国和其他国家之间的商品和金融市场一体化程度相比，如果国内各个地区之间的商品和金融市场一体化程度更高，那么可以预期的是，将地区层面消费和收入数据中全国层面总体波动剔除后，消费过度敏感性将不存在或至少应更弱。鉴于此，将全国居民消费和收入从各地区居民消费和收入数据中剔除后，能够获得各地区特定居民消费和收入数据，进而回归计量模型2：

$$\Delta c_{it} = \alpha_i + b_1 \Delta y_{i,t-1} + \varepsilon_{it} \tag{3.7}$$

式中，$c_{it} = C_{it} - C_t$ 表示地区i在第t期的实际特定人均消费自然对数，C_t 表示全国层面的第t期实际人均消费自然对数；$y_{it} = Y_{it} - Y_t$ 表示地区i在第t期的实际特定人

① 对于这一点更为详尽且精彩的论证，可以参见 Campbell 和 Mankiw（1991）。

均收入自然对数，Y_t 表示全国层面的第t期实际人均收入自然对数。

在Ostergaard等（2002）的研究基础上，为检验消费过度敏感性变动的稳健性，Dejuan和Luengo-Prado（2006）另外构建了计量模型3，它通过引入时间固定效应来控制总体波动，即在模型1中引入时间固定效应来考虑对于一国所有地区的普遍性冲击，也就是不同年份对所有地区的普遍性冲击，用来反映时间变化所带来的消费结构变化。计量模型3表示为

$$\Delta C_{it} = \alpha_i + \upsilon_t + b_1 \Delta Y_{i,t-1} + \varepsilon_{it} \tag{3.8}$$

式中，υ_t 表示与年份相关的未观察因素。如果国际商品市场中的摩擦非常明显，国际金融市场一体化程度较低，那么模型1的 b_1 估计值应该显著不等于零。如果一个国家内的各地区市场一体化程度较高，地区居民特定消费对滞后的地区居民特定收入应显示出较小的过度敏感性甚至没有过度敏感性，即模型2和模型3的 b_1 估计值更小甚至不应该显著不等于零。本章将采用上述三个计量模型来实证分析中国城乡居民消费过度敏感性的变动。

3.2.3　封闭经济约束假说模型

封闭经济约束假说是Ostergaard等（2002）为了解释居民消费过度敏感性提出的一种理论推断。一国各地区的贸易开放和金融开放程度越高，地区居民消费过度敏感性越小，地区居民消费过度敏感性与地区贸易开放和金融开放程度之间负相关即可证实该假说。目前，仅有的一篇实证检验该假说的经验研究（Dejuan and Luengo-Prado，2006）发现地区居民消费过度敏感性系数与地区经济开放和金融开放显著负相关。

一国各地区居民消费过度敏感性主要归因于国际市场相对于国内市场更加封闭。对于封闭经济约束假说的实证检验，目前仅有的一篇实证检验该假说的经验研究是Dejuan和Luengo-Prado（2006）的研究。他们认为，既然封闭经济约束导致了水平消费过度敏感性明显大于异质消费过度敏感性，如果一国各地区的贸易开放和金融开放程度越高，那么地区居民消费过度敏感性越小，因此地区居民消费过度敏感性与地区贸易开放和金融开放程度之间呈现简单的线性负相关关系。也就是说，如果通过计量检验发现两者之间为显著的线性负相关，那么就能够证明封闭经济约束是消费过度敏感性变动的重要原因，即可证实该假说。这是该领域最新的重要进展。为展开进一步的计量分析，Dejuan和Luengo-Prado（2006）首先假定消费的过度敏感性参数b_1是贸易开放程度（open）的一次函数，则有

$$b_1 = \beta_0 + \beta_1 \text{open}_{it} \tag{3.9}$$

将式（3.9）代入计量模型1，可以得到：

$$\Delta C_{it} = \alpha_i + (\beta_0 + \beta_1 \text{open}_{it}) \Delta Y_{i,t-1} + \varepsilon_{it} \tag{3.10}$$

通过整理得到：

$$\Delta C_{it} = \alpha_i + \beta_0 \times \Delta Y_{i,t-1} + \beta_1 \text{open}_{it} \times \Delta Y_{i,t-1} + \varepsilon_{it} \tag{3.11}$$

上述逻辑完全适用于金融市场对外开放程度（fin），因此，Dejuan和Luengo-Prado（2006）假定消费的过度敏感性参数b_1是fin的一次函数，则有

$$b_1 = \beta_0 + \beta_1 \text{fin}_{it} \tag{3.12}$$

同样，将式（3.12）代入计量模型1，并进行整理后可以得到：

$$\Delta C_{it} = \alpha_i + \beta_0 \times \Delta Y_{i,t-1} + \beta_1 \text{fin}_{it} \times \Delta Y_{i,t-1} + \varepsilon_{it} \tag{3.13}$$

概言之，Dejuan和Luengo-Prado（2006）认为，如果通过计量检验发现消费过度敏感性与对外开放程度之间为显著的线性负相关，那么就能够证明封闭经济约束是消费存在过度敏感性的重要原因。也就是说，根据Ostergaard等（2002）及Dejuan和Luengo-Prado（2006）的研究，封闭经济约束假说认为地区经济开放程度越高，地区居民消费过度敏感性越小。

3.2.4 封闭经济约束假说模型拓展

封闭经济约束假说（Ostergaard et al.，2002）所隐含的一个前提条件是，国际市场和国内市场之间的相互联系可以忽略。然而，这一前提条件并不完全适用于中国。一个省份居民消费过度敏感性体现的是全国所有省份居民都存在的消费过度敏感性和该省份居民特定的消费过度敏感性的内在结合，对外经济开放程度会影响前者，国内市场分割程度会影响后者，因此，国际市场和国内市场各自的一体化程度共同塑造了省级居民消费过度敏感性。如果认为省份对外经济开放会降低省级居民消费过度敏感性，那么必然意味着两方面：第一，伴随全国经济开放程度更高，全国居民消费过度敏感性降低，这是一个使省级居民消费过度敏感性趋于下降的力量；第二，伴随全国经济开放程度更高，国内市场一体化程度未受任何影响，省级居民特定消费过度敏感性不变，这是一个使省级居民消费过度敏感性趋于不变的力量。但这两方面在中国并非全部成立，第一个方面成立，第二个方面并不成立。因此，必须结合中国经济现实拓展封闭经济约束假说，并且拓展应以该假说的前提条件为切入点。

封闭经济约束假说隐含的国际市场和国内市场相互联系可以忽略这个前提条件，在中国不能完全满足。中国经济是一个特定的转型经济，与欧美发达国家的市场经济存在明显差异，对于处于转型期的中国而言，国际市场和国内市场之间的联系不容忽视，前者对后者有非常重要的影响。事实上，整个中国经济改革的过程就是中国经济重新融入全球经济的过程，在这一过程中，国内市场的贸易流向、地方政府和企业的行为、人们的观念等都发生了非常重大的变化，因此，经济开放通过不同的渠道都会对国内市场的一体化进程产生深刻的影响（陈敏等，

2007）。理论和经验研究一致表明中国经济开放对国内市场分割存在倒“U”形的影响。

首先，在理论层面，国内学者通过构建数理模型对这一非线性关系进行了研究。具体而言，张松林（2010）基于新兴古典经济学模型框架，分别在封闭和开放经济情况下，通过把焦点集中于部分分工结构来探讨经济开放与国内市场分割形成的内在机制，发现当国内经济体处于部分分工结构时，经济开放可能导致国内市场分割；当分工组织演进到完全分工结构时，经济开放不再导致国内市场分割，只会促进国内经济体参与国际分工体系，进而融入全球化经济。其次，在经验层面，国内已有研究发现经济开放对国内市场分割存在倒“U”形的影响并给出了解释。具体而言，中国经济开放程度的提高会先加剧国内市场分割程度，然后再降低国内市场分割程度（陈敏等，2007；陆铭和陈钊，2009；黄玖立，2011）。当经济开放处于临界值以内的低水平阶段时，越来越多的企业可能更倾向于选择出口，而不是与国内的企业进行贸易（陆铭，2007），地方政府能够在相对封闭的经济中实行其分割市场政策，此时国际贸易活动的扩大可能“挤出”国内省际贸易，即在利用来自国际贸易的规模经济效应时放弃了国内市场的规模经济效应（Poncet，2003，2005；黄玖立和李坤望，2006；陆铭和陈钊，2009），因此经济开放程度的提高会加剧国内市场的分割程度。然而，国内市场分割会越来越受到中国经济开放程度不断扩大的影响（朱希伟等，2005）。当经济开放程度达到甚至超过临界值时，国际竞争会越来越激烈，企业和政府的行为在经济开放的过程中也发生着变化（陆铭，2007），企业会逐步由国外市场转向国内市场（朱希伟等，2005），地方政府将面临一个竞争性越来越强的市场环境，在国内采取分割市场和地方保护主义政策的成本也越来越高昂，最终促使地方政府逐渐减少分割市场的活动（Li et al.，2003），即当条件成熟时，理性的地方政府会自发地选择区域一体化，而且最终可以成就全国统一开放的大市场（徐现祥等，2007），因此经济开放程度的继续提高则会降低国内市场的分割程度。

简言之，国际市场一体化对中国国内市场一体化存在显著的倒“U”形影响。因此需要对原假说进行拓展分析。经济开放对消费过度敏感性的影响途径包含两种：一是直接影响；二是通过影响国内市场一体化而带来间接影响。已有研究（Ostergaard et al.，2002；Dejuan and Luengo-Prado，2006）未考虑间接影响。中国经济开放对国内市场分割程度的非线性影响（陈敏等，2007），最终决定了基于中国经济现实拓展后的封闭经济约束假说为：伴随所有省份经济开放程度的逐渐提高，省级居民消费的过度敏感性会呈现先上升而后下降的变化态势。也就是说，当经济开放程度较低时，经济开放会加剧消费过度敏感性，而当经济开放程度提高并超过某个临界值的时候，进一步的经济开放则会缓解消费过度敏感性。对此，我们下面会对拓展后理论假说的内在机制进行综合的理论分析，并将在实证研究中再加以验证。

内在的传导机制是：在经济开放的初期，国际市场一体化程度还不够高，处于临界值之内，此时进一步提高经济开放程度会加剧国内市场分割，经济开放程度提高意味着从国际市场进口商品更容易，进而降低全国居民消费过度敏感性，并导致省级居民消费过度敏感性下降，而国内市场分割程度加剧导致一个省份从国内其他省份“进口”商品比之前更不容易，因此提高了省级居民特定消费过度敏感性，进而提高了省级居民消费过度敏感性。在经济开放的成熟期，国际市场一体化程度很高，处于临界值之外，此时进一步提高经济开放程度会减弱国内市场分割程度，经济开放程度提高使全国居民消费过度敏感性下降，进而降低省级居民消费过度敏感性，而国内市场分割程度减弱通过降低省级居民特定消费过度敏感性最终导致省级居民消费过度敏感性下降。由于国际边界效应的普遍存在（McCallum，1995；Wei，1996；Anderson and van Wincoop，2003），需求类型、销售技术、市场准入等因素的差异使得国际贸易比国内贸易更为困难（Kreinin，2010），我国与其他贸易伙伴国家之间的国际市场一体化程度始终远低于我国各省份之间的国内市场一体化程度（Poncet，2003，2005），国内一个省份的居民对于国内市场的依赖程度仍然明显高于国际市场，居民消费行为对于国内市场变化较国际市场变化更敏感。这意味着在第一阶段，归因于国内市场分割程度提高的省级居民消费过度敏感性上升幅度，超过了归因于国际市场一体化程度提高的省级居民消费过度敏感性下降幅度，最终导致省级居民消费过度敏感性上升，而在第二阶段，国内市场分割程度减弱及国际市场一体化程度提高共同促使省级居民消费过度敏感性下降，进而最终导致省级居民消费过度敏感性伴随经济开放程度的提高而呈现先上升后下降的变化趋势，即经济开放与省级居民消费过度敏感性呈现倒“U”形或驼峰状（hump-shaped）的非线性关系。

此外，封闭经济约束意味着经济开放的广度和深度不够，居民难以获得想要消费的商品，即商品的可获得性低，但有学者可能认为商品可获得性在当今世界经济中并不是什么难事，即使没有进口，中国也能通过本国生产来满足本国居民的需要，因此对外经济开放没有太大作用。但这样的看法考虑的只是商品数量，却没有考虑商品种类。商品可获得性指的不仅是商品数量，还涉及更重要的商品种类。相对于封闭经济而言，商品的多样性在经济开放情况下会更容易得到满足（Hanslin，2008）。经济开放可改变国内居民的消费可能性集合，如Helpman和Krugman（1985）所言，“贸易将比任何一个国家提供更多种类的产品”。伴随着我国经济在改革开放以来持续了几十年的高速增长，居民收入有明显增加，居民消费中必需品所占的份额逐渐降低，而将更大的消费份额用于一些较为奢侈的商品，因此居民对商品的多样化需求越来越强烈。理论上，国际贸易扩大了市场容量，国内居民可以消费从国内生产者处不可获得的产品种类，更广的选择范围使居民的福利增长（Freenstra，1994；Broda and Weinstein，2006）。研究表明，中国进口种类增长确实能够提高居民的福利水平，中国进口种类由1995年的69 706种增长到2004年的93 587种，上涨幅度高达34.26%，由此而获得的福利相当于中国2004年GDP的0.84%（陈勇兵等，2011）。因此，经济开放对于提高商品的可获得性具有关键作用，封闭经济约束对于理解中国居民消费过度敏感性十分重要。

根据上述讨论，可提出如下可检验的与商品市场相关的拓展后封闭经济约束假说。

假说1：当商品市场开放程度较低时，贸易开放会加剧消费过度敏感性，而当贸易开放程度提高并超过某个临界值时，进一步的贸易开放则会缓解消费过度敏感性。

为了验证与商品市场相关的拓展后封闭经济约束假说，需要对省份城乡居民消费过度敏感性与贸易开放之间的非线性关系进行实证检验。贸易开放对消费过度敏感性的倒“U”形的影响，可以表示为消费过度敏感性参数b_1是贸易开放的二次函数：

$$b_1 = \beta_0 + \beta_1 \text{open}_{it} + \beta_2 \text{open}_{it}^2 \tag{3.14}$$

将式（3.14）代入式（3.6），得到：

$$\Delta C_{it} = \alpha_i + \beta_0 \Delta Y_{i,t-1} + \beta_1 \text{open}_{it} \times \Delta Y_{i,t-1} + \beta_2 \text{open}_{it}^2 \times \Delta Y_{i,t-1} + \varepsilon_{it} \tag{3.15}$$

此外，与通常的包含交互项的计量模型一致，我们还单独控制了贸易开放，因为贸易开放对消费有独立的直接影响。“在改革开放年代，对外开放是整个过程极其关键且不可或缺的部分；不看到这一点，任何关于中国经济改革的叙述都是不完整的，也是误导的。中国的开放政策，尤其是对西方世界的开放，贯穿于整个20世纪80年代，并一直延续至今。”（Coase and Wang，2012）上述观点主要强调的就是贸易开放，贸易开放影响消费的内在机制为：第一，进口使一国居民可消费的商品更多样化，边际效用递减规律意味着多样化的商品可能会导致消费总量增加；第二，出口越多，通过对外贸易乘数使我国GDP倍增，居民收入得到明显提高，进而消费有所增加。最终，得到用于检验拓展后封闭经济约束的计量模型：

$$\Delta C_{it} = \alpha_i + \beta_0 \Delta Y_{i,t-1} + \beta_1 \text{open}_{it} \times \Delta Y_{i,t-1} + \beta_2 \text{open}_{it}^2 \times \Delta Y_{i,t-1} + \beta_3 \text{open}_{it} + \varepsilon_{it} \tag{3.16}$$

根据前文的理论分析，我们预期$\text{open}_{it}^2 \times \Delta Y_{i,t-1}$、$\text{open}_{it} \times \Delta Y_{i,t-1}$和$\Delta Y_{i,t-1}$三项的系数符号依次为负、正和正，即对应着与商品市场相关的拓展后封闭经济约束假说。

上述内在的逻辑能够完全适用于金融开放，基于与上面完全相同的逻辑，可以直接提出如下可检验的与金融市场相关的拓展后封闭经济约束假说。

假说2：当金融市场开放程度较低时，金融开放会加剧消费过度敏感性，而当金融开放程度提高并超过某个临界值时，进一步的金融开放则会缓解消费过度敏感性。

同样，为了验证与金融市场相关的拓展后封闭经济约束假说，也需要对省份城乡居民消费过度敏感性与金融开放之间的非线性关系进行实证检验。金融开放对消费过度敏感性的倒“U”形的影响，能够表示为消费过度敏感性参数b_1是金融开放的二次函数，即

$$b_1 = \beta_0 + \beta_1 \text{fin}_{it} + \beta_2 \text{fin}_{it}^2 \tag{3.17}$$

将式（3.17）代入式（3.6），得到：

$$\Delta C_{it} = \alpha_i + \beta_0 \Delta Y_{i,t-1} + \beta_1 \text{fin}_{it} \times \Delta Y_{i,t-1} + \beta_2 \text{fin}_{it}^2 \times \Delta Y_{i,t-1} + \varepsilon_{it} \tag{3.18}$$

此外，我们还额外纳入了金融开放程度控制变量，因为金融开放是中国改革开放政策的一个重要组成部分，它可能会对消费具有独立的直接影响。其内在机制如下：第一，更高的金融开放程度提供了利用国际资金来缓解国内居民流动性约束的机会（Easterly et al.，2001a），使得国内居民借贷更容易，消费能力的提高可以通过借贷得到实现，进而可能会导致消费总量的增加；第二，金融开放程度更高也将会使得受信贷约束的国内私营企业信贷更加容易（Héricourt and Poncet，2009），进而企业投资需求可以更容易得到满足，产量有所增加，就业有所改善，居民的失业风险降低，收入稳定性加强，进而可能导致居民消费有所增加。基于此，最终得到了可以用于检验与金融市场相关的拓展后封闭经济约束理论假说的计量模型：

$$\Delta C_{it} = \alpha_i + \beta_0 \Delta Y_{i,t-1} + \beta_1 \text{fin}_{it} \times \Delta Y_{i,t-1} + \beta_2 \text{fin}_{it}^2 \times \Delta Y_{i,t-1} + \beta_3 \text{fin}_{it} + \varepsilon_{it} \tag{3.19}$$

同样，根据前文的理论分析，可以预期$\text{fin}_{it}^2 \times \Delta Y_{i,t-1}$、$\text{fin}_{it} \times \Delta Y_{i,t-1}$和$\Delta Y_{i,t-1}$三项的系数符号依次为负、正和正，即对应着与金融市场相关的拓展后封闭经济约束假说。

基于以上的理解，本章研究内容的重要性可以通过一个生动、形象、虚拟的经济学故事加以客观呈现，故事的具体情节如下：一个国家各个地区居民的消费行为具有明显的异质性特征，一个地区居民的消费变动主要包括两个部分，一部分是为了应对全国层面系统性的收入变动而进行的调整，另一部分是为了应对本地区特定的收入变动而进行的调整。2000年，该国普遍遭遇洪水灾害，2005年，该国的某一个地区遭遇地震，对于这一地区的居民而言，前者属于系统冲击，后者属于地区特定冲击。对于第一种情况，居民收入下降，商品可获得性不高，只能通过国际商品和金融市场来减缓冲击，以平稳居民消费，这个地区居民作为全国所有居民的一部分，也是如此。对于第二种情况，地震给本地居民带来财产损失，本地企业可提供的消费品锐减，这一地区可以通过向其他地区进行借贷的方式来平滑自己的消费能力，商品可以通过从其他省份“进口”的方式获得，进而

平滑本地区居民的消费。然而，由于国际市场的一体化程度低于国内市场一体化程度，在第一种情况下，居民难以借到钱，也难以买到想要的商品，这一地区居民的消费过度敏感性较强，而在第二种情况下，居民更容易借到钱，也更容易买到想要的产品，这一地区居民的消费过度敏感性明显减弱。归根究底，封闭经济约束是居民消费存在过度敏感性的重要原因。

3.3　消费过度敏感性的特征事实检验

本章采用中国省份城乡居民的消费和收入面板数据对居民消费过度敏感性进行实证分析，以提炼关于中国居民消费过度敏感性的特征事实，为后面研究提供特征事实基础。

3.3.1　计量模型设定

遵循Ostergaard等（2002）的方法，本章采用两个层面的面板数据构建了三个计量经济模型。具体而言，计量模型1为

$$\Delta C_{it} = \alpha_i + b_1 \Delta Y_{i,t-1} + \varepsilon_{it}$$

式中，C_{it} 表示省份i在第t期的实际人均消费自然对数；Y_{it} 表示省份i在第t期的实际人均可支配收入自然对数；α_i 表示地区固定效应；b_1 表示用于衡量消费过度敏感性的系数；ε_{it} 表示残差项。如果持久收入假说成立，那么当期消费与滞后收入无关，系数 b_1 应该为零。如果系数 b_1 非常显著地不等于零，则说明居民消费行为存在过度敏感性。

计量模型2为

$$\Delta c_{it} = \alpha_i + b_1 \Delta y_{i,t-1} + \varepsilon_{it}$$

式中，$c_{it} = C_{it} - C_t$ 表示省份i在第t期的实际特定人均消费自然对数，C_t 表示全国层面的第t期实际人均消费自然对数；$y_{it} = Y_{it} - Y_t$ 表示省份i在第t期的实际特定人均收入自然对数，Y_t 表示全国层面的第t期实际人均收入自然对数。

计量模型3为

$$\Delta C_{it} = \alpha_i + \upsilon_t + b_1 \Delta Y_{i,t-1} + \varepsilon_{it}$$

式中，υ_t 表示与年份相关的未观察因素。如果国际商品市场上的摩擦非常明显，国际金融市场一体化程度较低，那么计量模型1的 b_1 估计值应该显著不等于零。如果中国各省份区域市场一体化程度较高，省份居民特定消费对滞后的省份居民特定收入应显示出较小的过度敏感性甚至没有过度敏感性，即计量模型2和模型3的 b_1 估计值更小甚至不应显著不等于零。

3.3.2 变量选取与数据说明

居民的消费和收入中系统波动成分和非系统波动成分的测量很大程度上是建立在描述消费和收入的统计学方法基础上的。本章并没有将消费和收入数据细分为这两部分，取而代之的具体方法是，省级城乡居民消费和收入数据同时反映了系统和非系统波动成分，而省级城乡居民特定消费和收入数据只反映了非系统波动成分。如果省级城乡居民特定消费敏感系数非常低，而省级城乡居民消费敏感系数非常高，则说明省级城乡居民消费和收入数据中的系统波动成分是导致省级城乡居民消费不支持持久收入假说的主要根源。表3.1对相关变量进行了详细的定义。

表 3.1 变量及其定义（一）

变量	变量定义
C_{it}	消费：省级城乡实际人均消费的自然对数
Y_{it}	收入：省级城乡实际人均收入的自然对数
c_{it}	特定消费：省级城乡实际人均消费对数与全国城乡实际人均消费对数之差
y_{it}	特定收入：省级城乡实际人均收入对数与全国城乡实际人均收入对数之差
ΔC_{it}	消费变化：省级城乡实际人均消费自然对数的一阶差分
ΔY_{it}	收入变化：省级城乡实际人均收入自然对数的一阶差分
Δc_{it}	特定消费变化：省级城乡特定消费的一阶差分
Δy_{it}	特定收入变化：省级城乡特定收入的一阶差分

所有消费数据均是自然对数形式（表3.1）。此外，必须要澄清三个层面的消费：全国层面的人均消费、省级层面的人均消费和省级层面的特定人均消费。三者关系是，原始数据（省级层面的人均消费）去掉平均趋势（全国层面的人均消费）后得到特定数据（省级层面的特定人均消费）。具体而言，省级层面的人均消费数据包括两部分：一部分是所有省份平均后得到的人均消费，全国层面的人均消费数据反映的是所有省份居民平均意义上的消费，该层面的消费波动反映全国遭到系统冲击之后的波动；另一部分是一个省份人均消费减掉所有省份人均消费得到的该省份特定人均消费，该层面的消费波动反映的是本地区遭遇而其他地区未遭遇的非系统冲击之后的波动。省级消费波动显然就是同时遭受系统和非系统冲击之后的波动。如果省级居民消费过度敏感性明显大于省级居民特定消费过度敏感性，说明中国居民消费过度敏感性大于省级特定居民消费过度敏感性，这在理论上意味着与中国居民的整体消费行为相比，省级居民的特定消费行为更符合持久收入假说的理论预期。

本章的样本区间为1985~2007年。选择这一跨期长度，主要是基于如下考虑：

第一，1985年是市场取向改革全面展开阶段的第一年。第二，受省级相关样本数据获取性制约。采用中国29个省份城乡数据进行经验研究。其中，四川省数据不包含重庆；由于西藏和重庆数据不全，因此这两个地区未被包括在样本内；样本中也未包含港澳台的数据。省级城乡居民人均消费和人均可支配收入年度数据主要来自中经网统计数据库，具体而言，城乡居民消费数据为不同省份城镇居民人均消费支出和农村家庭人均生活消费支出；城乡居民收入数据为不同省份城镇居民人均可支配收入和农村家庭人均纯收入。在该数据库中，人均消费支出和人均可支配收入指标1998年之前的数据来自《新中国五十年统计资料汇编》，1998年之后数据来自《中国统计年鉴》相关各期，个别省份的部分缺失数据由各省份统计年鉴相关各期补全。根据《新中国五十年统计资料汇编》的统计口径，历年四川省数据均剥离了重庆的成分，因此各变量中四川的数据均为不含重庆的统计数值，而1998年之后数据来自《中国统计年鉴》，这恰恰是在重庆成为直辖市之后，因此，本章1985~2007年的四川数据其实都剥离了重庆的成分。一个例外是，四川省城乡居民消费价格指数数据在1996年前包含了重庆的成分，一个地区的城乡居民消费价格指数不会由于一小部分的剥离而有较大变化。

所有省份城乡居民消费和收入数据都通过相应的消费价格指数进行了平减。其中，涉及的消费价格指数指标为农村居民消费价格指数和城市居民消费价格指数。具体来源为：1985~2004年数据来自《新中国五十五年统计资料汇编》，2005~2007年数据源自中经网统计数据库。需说明一点：京津沪三个直辖市没有对城乡居民消费价格指数进行区分，都只有一组居民消费价格指数数据，因此三个直辖市城乡居民实际消费都只采用同样一组居民消费价格指数进行平减。另外，在获得各省份特定消费和收入时，需将各省份消费剔除全国层面的居民消费和收入，因此需使用全国层面的城乡居民消费价格指数分别对全国城乡居民人均消费和收入进行平减，以获得相应指标实际值。具体指标为全国层面的农村居民人均纯收入、城镇居民人均可支配收入、农村居民人均生活消费支出、城镇居民人均消费支出、农村居民消费价格指数和城市居民消费价格指数，数据来源于《中国统计年鉴》相关各期。

主要变量的描述性统计见表3.2。由表3.2可知，平均而言，自然对数形式的城镇居民收入（7.206 543）和消费（7.008 353）依次大于农村居民收入（6.358 782）和消费（6.126 759），城镇居民收入增长率（0.065 775）和消费增长率（0.055 068）也依次大于农村居民收入增长率（0.044 886）和消费增长率（0.042 163）。不难看出省级城乡居民消费增长率的波动性较大，但将省级城乡居民消费数据中的系统性因素剔除后得到的省级城乡居民特定消费增长率的波动性明显变小。该直观特征在标准差一列中也有客观体现。这一定程度上预示居民特定消费行为相对更符合持久收入假说预期。

表 3.2　主要变量的描述性统计（一）

变量	样本值	均值	中位数	标准差	最小值	最大值
城镇 C_{it}	667	7.008 353	6.936 815	0.411 497	6.255 366	8.223 881
农村 C_{it}	667	6.126 759	6.068 611	0.411 937	5.259 860	7.555 596
城镇 Y_{it}	667	7.206 543	7.141 909	0.473 212	6.329 632	8.537 966
农村 Y_{it}	667	6.358 782	6.310 810	0.470 916	5.470 550	7.714 005
城镇 c_{it}	667	−0.064 042	−0.104 730	0.193 632	−0.423 080	0.521 205
农村 c_{it}	667	−0.259 039	−0.290 930	0.328 343	−0.993 237	0.772 614
城镇 y_{it}	667	−0.069 768	−0.107 842	0.196 821	−0.431 124	0.518 739
农村 y_{it}	667	0.196 835	0.128 033	0.351 295	−0.485 515	1.152 808
城镇 ΔC_{it}	638	0.055 068	0.060 534	0.052 449	−0.166 926	0.233 162
农村 ΔC_{it}	638	0.042 163	0.039 524	0.069 025	−0.155 017	0.415 047
城镇 ΔY_{it}	638	0.065 775	0.070 679	0.050 545	−0.143 926	0.236 347
农村 ΔY_{it}	638	0.044 886	0.048 912	0.066 067	−0.239 838	0.289 417
城镇 Δc_{it}	638	−0.004 803	−0.004 016	0.038 150	−0.179 844	0.134 063
农村 Δc_{it}	638	−0.005 239	−0.004 309	0.062 618	−0.205 869	0.319 991
城镇 Δy_{it}	638	−0.004 456	−0.004 090	0.035 243	−0.145 859	0.134 476
农村 Δy_{it}	638	−0.001 380	−0.003 693	0.059 031	−0.265 425	0.245 413

3.3.3　实证结果与分析

面板单位根检验是指将面板数据中的变量各横截面序列作为一个整体进行单位根检验。ADF（augmented Dickey-Fuller，增广迪基-富勒）检验和PP（Phillips-Perron）检验等传统时间序列单位根检验方法由于“势”值过低而受到越来越多的批评，尤其是在样本数据的区间跨度较短时更突出。针对“势”值过低这一问题，面板单位根检验越来越受到重视，因为这种方法充分考虑了横截面和时间序列两个维度蕴含的信息，有效提高了检验的“势”值和稳健性。面板单位根检验的具体方法有多种，其中IPS（Im-Pesaran-Shin）检验①是一种广为采用的方法，该方法优点在于其统计量在样本数据较短的情况下检验能力仍然较强，因此本章将以IPS统计量判断面板数据的平稳性。

IPS检验对面板数据的不同截面分别进行单位根检验,其最终的检验在综合了各截面的检验结果上构造出统计量，对整个面板数据是否含有单位根做出判断。IPS检验原假设是存在单位根，备择假设是平稳：H_0=单位根；H_1=平稳。运用IPS检验对 C_{it} 、Y_{it} 、c_{it} 和 y_{it} 的原值及一阶差分的平稳性进行系统的检验，并且各自又细分为检验回归式中包含常数项与回归式中同时包括常数项和趋势项两种情

① IPS 检验可参见 Im 等（2003）。

况，表3.3报告了具体的单位根检验结果，括号内数字为估计量伴随概率。

表 3.3　省级城乡居民消费与收入自然对数及一阶差分的面板单位根检验结果

变量	原值		一阶差分	
	常数项	常数项和趋势项	常数项	常数项和趋势项
农村居民的 C_{it}	14.1882	4.7237	−14.4534	−13.7456
	（1.0000）	（1.0000）	（0.0000）	（0.0000）
城镇居民的 C_{it}	17.1497	4.5633	−14.0546	−16.2377
	（1.0000）	（1.0000）	（0.0000）	（0.0000）
农村居民的 Y_{it}	14.5473	−1.1512	−11.5589	−11.1811
	（1.0000）	（0.1248）	（0.0000）	（0.0000）
城镇居民的 Y_{it}	17.3277	1.6451	−10.9321	−13.9374
	（1.0000）	（0.9500）	（0.0000）	（0.0000）
农村居民的 c_{it}	−0.2483	0.2413	−19.9738	−15.7869
	（0.4020）	（0.5953）	（0.0000）	（0.0000）
城镇居民的 c_{it}	−0.6657	−1.3862	−16.3228	−15.3993
	（0.2528）	（0.0828）	（0.0000）	（0.0000）
农村居民的 y_{it}	−1.5273	−0.3271	−17.0837	−14.9758
	（0.0633）	（0.3718）	（0.0000）	（0.0000）
城镇居民的 y_{it}	0.3130	−0.8812	−15.8508	−13.8633
	（0.6228）	（0.1891）	（0.0000）	（0.0000）

表3.3显示，除了极个别情形之外，无论是检验回归式中包括常数项，还是同时包括常数项和趋势项，当对 C_{it} 、 Y_{it} 、 c_{it} 和 y_{it} 的原值进行单位根检验时，检验结果都表明不能拒绝存在单位根的原假设；当对 C_{it} 、 Y_{it} 、 c_{it} 和 y_{it} 的一阶差分进行单位根检验时，检验结果都可以强烈地拒绝存在单位根的原假设。根据这些检验结果可做出如下判断： C_{it} 、 Y_{it} 、 c_{it} 和 y_{it} 都是一阶单整的，因此要选择消费和收入及特定消费和特定收入的一阶差分数据来进行经验分析。基于此，选择上述计量模型系统研究中国省级城乡居民消费和特定消费的过度敏感性变动是较为合理的。

本章采用FE模型进行计量估计，主要基于如下三点考虑：第一，本章采用的省级面板数据包括我们感兴趣的所有个体，不是从一个大样本中的随机抽样；第二，FE模型能满足大样本的渐进一致性的条件（Wooldridge，2002），比RE模型更具普适性；第三，估计结果可以与国外已有研究（Ostergaard et al.，2002；Dejuan and Luengo-Prado，2006）结果进行横向比较。Hausman检验值及相应的p值支持上述三点考虑，FE模型的估计结果见表3.4。表3.4报告了省级城乡居民消费过度敏感性变动的估计结果。

表 3.4　省级城乡居民消费过度敏感性变动的估计结果

变量	农村	城镇
	模型 1：$\Delta C_{it}=\alpha_i+b_1\Delta Y_{i,t-1}+\varepsilon_{it}$	
b_1	0.148 662*** （0.042 413）	0.420 944*** （0.036 860）
R^2	0.040 083	0.197 430
观察值	609	609
Hausman 检验值	3.336 042*	5.469 804**
	模型 2：$\Delta c_{it}=\alpha_i+b_1\Delta y_{i,t-1}+\varepsilon_{it}$	
b_1	0.083 899** （0.042 922）	0. 152 420*** （0.041 923）
R^2	0.042 568	0.054 373
观察值	609	609
Hausman 检验值	6.681 711***	8.633 568***
	模型 3：$\Delta C_{it}=\alpha_i+\upsilon_t+b_1\Delta Y_{i,t-1}+\varepsilon_{it}$	
b_1	0.103 563** （0.047 330）	0.118 248*** （0.045 825）
R^2	0.416 330	0.505 136
观察值	609	609
Hausman 检验值	3.396 859*	13.842 655***

注：圆括号内数值为标准误差

***、**和*分别表示在 1%、5%和 10%的水平上显著

计量模型1的估计结果显示，城乡居民消费过度敏感性系数都在1%水平上非常显著，滞后城乡收入增长率各自变化一个百分点情况下，农村居民消费增长率同方向变化0.15个百分点，城镇居民消费增长率同方向变化0.42个百分点。模型2估计结果表明，剔除全国层面总体波动之后，城镇居民消费过度敏感性系数降至0.15且在1%水平上通过显著性检验，农村居民消费过度敏感性系数则降至0.08且在5%水平上通过显著性检验。因此，无论城镇还是农村，消费过度敏感性在剔除全国层面总体波动之后都明显降低，更符合持久收入假说的预期。此外，通过比较模型1和模型3不难发现，控制了反映全国所有省份在不同年份遭受的普遍性冲击之后，城乡居民消费过度敏感性显著降低。具体而言，城镇居民消费过度敏感性系数在1%的水平上非常显著地从0.42下降到0.12，而农村居民消费过度敏感性系数从0.15（在1%水平上通过显著性检验）降至0.10（在5%水平上统计显著）。Xu（2009）基于中国省际数据的定量分析结果也显示，国家内部的省级居民特定消费过度敏感性比省级居民消费过度敏感性更弱，印证了封闭经济约束假说，但却没有进一步探讨城乡二元经济结构下该假说是否依然保持稳健。考虑到我国城乡居民消费行为的显著差异性，本章基于省级城乡数据的经验研究结果一致表明，

无论是对于城镇居民还是农村居民来讲，省级居民消费的过度敏感性在控制了总体波动之后会明显变小，即省级居民消费过度敏感性明显大于省级居民特定消费过度敏感性。因此，本章首先能够得到的第一个重要结论就是关于中国居民消费行为的典型特征事实：无论是对于城镇居民还是对于农村居民而言，省级居民消费的过度敏感性在控制了总体波动之后会明显变小，即省级居民消费过度敏感性明显大于省级居民特定消费过度敏感性。

作为本章的副产品，通过表3.4的估计结果还可以发现另一个重要的特征：省份城镇居民消费过度敏感性大于省份农村居民消费过度敏感性，省份城镇居民特定消费过度敏感性大于省份农村居民特定消费过度敏感性。既然封闭经济约束是导致省份城乡居民存在消费过度敏感性的重要原因，顺承这一理论逻辑，我们对省份城乡居民消费过度敏感性差异给出如下可能的解释：我国典型的城乡二元社会特征意味着城镇和农村居民的消费行为特征并不会完全相同，城镇居民从快速经济增长中的获益显著多于农村居民，具体表现在收入差距上就是城镇居民的收入水平通常明显高于农村居民，收入是决定进口的至关重要的因素，因此城镇居民对于国外进口商品的需求往往要明显强于农村居民。在某一时点，一个省份的经济开放程度是既定的，但这一既定的经济开放程度对于城乡居民的影响却是不同的，对国外进口商品需求的城乡差异导致城乡居民对于同样经济开放程度的评价显著不同，城镇居民可能认为这一经济开放程度还远远不够，而农村居民对国外进口商品的较低需求内生地决定了他们可能认为这一经济开放程度还可以，这意味着相对于农村居民而言，城镇居民会要求更大的经济开放程度，针对城乡居民相同的既定经济开放程度情况下，城镇居民会由于更难以满足其国外进口产品需求而产生更大的消费过度敏感性。同理，上述逻辑应用于国内市场，则特定消费过度敏感性的城乡差异体现的是城镇居民对国内商品市场一体化程度更高的要求。

实际上，面对既有的扩大内需政策难以真正刺激居民消费需求的局面，政府部门透彻了解包括居民消费过度敏感性在内的居民消费特征至关重要，但针对我国居民消费的过度敏感性，政府部门通常至多了解到一个省份居民消费行为表现出来的过度敏感性，学术界往往也只是采用省级层面的居民消费数据进行定量研究，但这是远远不够的。政府部门更想知道省份居民消费过度敏感性这一外在现象背后究竟包括了哪些错综复杂的细节，经济学者则更需要将省级层面居民消费数据进行深入的合理剥离，只有如此，经济学者才能获取关于省级居民消费过度敏感性的更全面信息，政府部门才能有的放矢。既然基于中国城乡数据的经验研究结果表明国际市场约束是造成中国省级居民消费存在过度敏感性的罪魁祸首，政府部门也就有了来自经济一体化视角纠正居民消费的过度敏感性以扩大内需的政策切入点，显然进一步加大经济开放程度是应有之义，这将是降低居民消费过度敏感性的一项重要政策。随着我国开放程度的提高，商品和金融市场对消费者的封闭经济约束作用会逐渐减弱。已有国内外研究提出扩大对外经济开放的政策建议主要是从促进经济增长的角度出发（Frankel and Romer，1999；Irwin and Tervio，2002；兰宜生，2002；沈坤荣和李剑，2003；彭国华，2007），本章则是从矫正消费过度敏感性的视角出发。基于矫正消费过度敏感性的不同视角提出与已有考察经济增长的研究同样的政策，这更能说明对外开放对于一国的全方位重要性。

综上所述，封闭经济约束确实导致了中国居民的水平消费和异质消费过度敏感性的变动，但封闭经济约束假说在中国起作用的内在机制是否会与其他发达国家有所不同？如果不同，有何不同？这是接下来要通过计量经济模型实证分析展开深入探讨的重要问题。

3.4 商品市场的拓展后封闭经济约束假说检验

3.4.1 计量模型设定

为验证与商品市场相关的拓展后封闭经济约束假说，需要对省份城乡居民消费过度敏感性与贸易开放之间的非线性关系进行实证检验。首先要构建反映国际商品市场一体化的贸易开放度指标，该指标由各省份进出口总额和地区生产总值比值构成。贸易开放对消费过度敏感性的倒“U”形影响表示为消费过度敏感性参数b_1是贸易开放的二次函数：

$$b_1 = \beta_0 + \beta_1 \text{open}_{it} + \beta_2 \text{open}_{it}^2$$

将上式代入计量模型1，得到：

$$\Delta C_{it} = \alpha_i + \beta_0 \Delta Y_{i,t-1} + \beta_1 \text{open}_{it} \times \Delta Y_{i,t-1} + \beta_2 \text{open}_{it}^2 \times \Delta Y_{i,t-1} + \varepsilon_{it}$$

此外，与通常的包含交互项的计量模型一致，我们还单独控制了贸易开放，因为贸易开放对消费有独立的直接影响。最终，得到用于检验拓展后封闭经济约束的计量模型：

$$\Delta C_{it} = \alpha_i + \beta_0 \Delta Y_{i,t-1} + \beta_1 \text{open}_{it} \times \Delta Y_{i,t-1} + \beta_2 \text{open}_{it}^2 \times \Delta Y_{i,t-1} + \beta_3 \text{open}_{it} + \varepsilon_{it}$$

根据前文的理论分析，我们预期$\text{open}_{it}^2 \times \Delta Y_{i,t-1}$、$\text{open}_{it} \times \Delta Y_{i,t-1}$和$\Delta Y_{i,t-1}$三项的系数符号依次为负、正和正，即对应着与商品市场相关的拓展后封闭经济约束假说。

3.4.2 内生性及其处理

在本章的核心解释变量中，交互项包含了贸易开放，而贸易开放却可能存在内生性问题，这主要是基于以下的考虑：第一，贸易开放与消费过度敏感性之间的关系。消费过度敏感性越大，意味着国内市场分割程度可能越高，进而国内商品的可获得性越低，因此会内生出更高的进口贸易诉求，最终导致贸易开放度较高。第二，贸易开放与消费之间的关系。一方面，消费越多，需要的来自国外的进口商品数量往往也越多，进而可能内生地导致更高的贸易开放程度；另一方面，消费较高的国家往往收入水平或收入增长率较高，收入水平或收入增长率较高国家的贸易开放度也可能较高（Frankel and Romer，1999）。

内生性将会导致OLS估计结果有偏或非一致，为了尽可能降低偏误，需要对内生性问题进行控制，一种有效的计量技术是工具变量估计法。本章选取的工具变量是FMA，借鉴黄玖立和李坤望（2006）的做法，选取各省份行政中心到海岸线距离的倒数乘以100作为国外市场接近度。具体而言，沿海省份到海岸线距离为其内部距离；而内陆省份到海岸线距离为其到最近的沿海省份的距离加上该沿海省份的内部距离。假设C为沿海省份的集合，则第i个省份的FMA_i可以表示为

$$\mathrm{FMA}_i=\begin{cases}100D_{ii}^{-1}, & i\in C\\ 100(\min D_{ij}+D_{jj})^{-1}, & i\notin C, j\in C\end{cases}$$

考虑到在大样本的条件下，增加工具变量通常会得到更有效的估计结果（Wooldridge，2002），我们还选取1985年各省份的进出口总额占地区生产总值份额（open_85）作为贸易开放的工具变量，并采用多重工具变量2SLS进行实证分析。

一个合适的工具变量必须要满足如下两个条件：首先是工具变量要与内生变量之间具有较强的相关性，其次是工具变量与模型残差项之间不相关。本章选取各省份的国外市场接近度作为贸易开放的工具变量主要是基于以下两个方面的考虑：第一，从与内生变量的相关性角度看，海运是对外贸易运输的主要形式，从节约运输成本的角度来看，各个省份越是接近海岸线就意味着越是接近国外市场，因此国外市场接近度与各省份的进出口贸易密切相关（黄玖立和李坤望，2006）。如果贸易开放度在实施开放政策前较高，那么说明这些地区具有某些天然的优势，而这对随后的对外贸易开放也会有重要的影响。第二，从外生性的角度看，国外市场接近度是由地理因素决定的，它反映的是地理因素对贸易开放的影响，这显然是外生的（毛其淋和盛斌，2011），1985年的贸易开放度是历史上的数据，不会对当前的居民消费过度敏感性具有显著影响，因此也必然会满足外生性。

3.4.3 变量选取与数据说明

相关变量及其定义见表3.5。

表 3.5 变量及其定义（二）

变量性质	变量名称	变量含义	计算方法	预期符号
被解释变量	ΔC_{it}	消费变化	省级城乡实际人均消费自然对数的一阶差分	
解释变量	ΔY_{it}	收入变化	省级城乡实际人均收入自然对数的一阶差分	+
	open_{it}	贸易开放	进出口总额/地区生产总值	+
	$\text{open}_{it}\times\Delta Y_{i,t-1}$	贸易开放与收入的交互项	贸易开放×收入变化	+
	$\text{open}_{it}^2\times\Delta Y_{i,t-1}$	贸易开放平方与收入的交互项	贸易开放×贸易开放×收入变化	−

进出口总额（单位：亿美元）和地区生产总值（单位：亿元）1985~2004年的数据来自《新中国五十五年统计资料汇编》，2005~2007年的数据来自《中国统计年鉴2008》。进出口总额均用人民币对美元汇率中间价折合成人民币。另外，本章以各省份的FMA和open_85①两个变量作为贸易开放的工具变量，但无论是地理距离还是初始年份贸易开放度，其都不随时间变化。为了反映动态特征，我们用官方名义汇率进行调整，即1985~2007年出口开放度的工具变量为FMA和open_85各自与1985~2007年名义汇率的乘积。名义汇率的贬值有利于扩大出口，并且官方汇率为中央决策者公布，对各省份而言可视为外生给定的。本章1985~2007年的中国官方汇率数据取自PWT 7.1。表3.6报告了主要变量的描述性统计结果，不难发现，平均而言，我国城镇居民的收入增长率（0.065 775）和消费增长率（0.055 068）依次大于农村居民的收入增长率（0.044 886）和消费增长率（0.042 163）。

表 3.6 主要变量的描述性统计（二）

变量	均值	中位数	标准差	最小值	最大值
城镇 ΔC_{it}	0.055 068	0.060 534	0.052 449	−0.166 926	0.233 162
农村 ΔC_{it}	0.042 163	0.039 524	0.069 025	−0.155 017	0.415 047
城镇 ΔY_{it}	0.065 775	0.070 679	0.050 545	−0.143 926	0.236 347
农村 ΔY_{it}	0.044 886	0.048 912	0.066 067	−0.239 838	0.289 417
城镇 $\text{open}_{it}\times\Delta Y_{i,t-1}$	0.018 985	0.007 572	0.034 736	−0.075 070	0.230 175
农村 $\text{open}_{it}\times\Delta Y_{i,t-1}$	0.013 484	0.005 190	0.029 447	−0.051 130	0.255 701
城镇 $\text{open}_{it}^2\times\Delta Y_{i,t-1}$	0.015 607	0.000 816	0.050 482	−0.072 790	0.360 918
农村 $\text{open}_{it}^2\times\Delta Y_{i,t-1}$	0.011 265	0.000 479	0.041 568	−0.059 190	0.442 830
open_{it}	0.255 319	0.113 701	0.346 045	0.027 288	1.844 531

注：城乡各自两个交互项是贸易开放与城乡居民滞后收入的乘积

① 四川和海南的1985年进出口总额数据缺失，以各自1987年进出口总额数据代替。

3.4.4　实证结果与分析

表3.7报告了回归方程（3.4）的面板OLS的初步估计结果。为了控制各省份之间的差异，选择地区FE模型。考虑到改革开放以来各省份间差异越来越大，为克服可能存在而又无法识别的异方差，本小节对估计系数进行White跨截面标准差和协方差调整。回归组合（1）和（3）报告了城乡居民消费过度敏感性的估计结果。为着重检验拓展后封闭经济约束假说，组合（2）和（4）报告了引入交互项后的估计结果。

表 3.7　面板 OLS 估计结果

解释变量	被解释变量 ΔC_{it}			
	城镇		农村	
	（1）	（2）	（3）	（4）
$\Delta Y_{i,t-1}$	0.420 944*** （0.036 860）	0.378 469*** （0.053 295）	0.148 662*** （0.042 413）	0.055 324* （0.064 367）
$\text{open}_{it}\times\Delta Y_{i,t-1}$		0.150 845* （0.253 694）		0.770 790** （0.377 195）
$\text{open}_{it}^2\times\Delta Y_{i,t-1}$		−0.272 164* （0.162 294）		−0.788 250*** （0.245 805）
open_{it}		0.077 375*** （0.019 101）		0.126 298*** （0.021 044）
常数项	0.026 102*** （0.002 959）	0.010 323** （0.004 778）	0.034 831*** （0.003 168）	0.005 070 （0.005 645）
地区 FE	是	是	是	是
观察值	609	609	609	609
组内 R^2	0.197 430	0.226 593	0.040 083	0.105 028
Hausman 检验值	5.469 804**	8.664 577*	3.336 042*	29.234 940***

注：圆括号内数值为回归系数的标准差，Hausman 检验的零假设是 FE 和 RE 的估计系数没有系统性差异
***、**和*分别表示在 1%、5%和 10%的水平上显著

组合（1）和（3）的估计结果显示，滞后城乡居民收入增长率估计系数均在1%的水平上显著为正，城乡居民收入增长率各自变化一个百分点情况下，农村居民消费增长率同方向变化0.15个百分点，城镇居民消费增长率同方向变化0.42个百分点，表明城乡居民确实存在明显的消费过度敏感性。组合（2）和（4）中，额外引入了贸易开放、贸易开放与滞后收入增长率的交互项及贸易开放平方与滞后收入增长率的交互项，贸易开放的回归系数在1%显著性水平上均为正，滞后收入增长率及两个交互项的回归系数也依次在不同的水平上（至少在10%的水平上）通过了显著性检验，且估计系数在经济意义上都是显著的，估计系数符号也与前文拓展后的理论假说预期一致。也就是说，根据组合（2）和（4），在贸易开放程度不高时，提高贸易开放会加剧消费过度敏感性，而当贸易开放程度超过某个临

界值之后，进一步加强贸易开放会减弱消费过度敏感性。这说明贸易开放对城乡居民的消费过度敏感性的确存在显著的先上升后下降的倒“U”形影响，与商品市场相关的拓展后封闭经济约束理论假说得到验证。

针对贸易开放对省级居民消费过度敏感性存在的倒“U”形影响，根据表3.7中的估计结果可以计算出发生转折的贸易开放程度临界值，针对城镇居民情形的转折点出现在贸易开放程度为0.277 122的时候，而针对农村居民情形的转折点则发生在贸易开放程度为0.488 925的时候。根据我们的定量计算，在609个观察点中，从农村居民的角度来看，有81个[①]具有大于对应转折点的贸易开放程度，而从城镇居民的角度来看，有150个[②]具有大于对应转折点的贸易开放程度。也就是说，对于绝大多数观察点（至少75.4%）来说，提高贸易开放程度会加剧居民消费的过度敏感性，这些观察点主要散落在中西部内陆和沿边地区，而少部分样本点（至多24.6%）则位于提高贸易开放程度会减弱消费过度敏感性的区间内，这些样本点几乎都分布在东部沿海地区。这是由中国总体上仍然处在贸易开放不利于国内区域市场整合的阶段（陈敏等，2007）所导致的。就平均值而言，尽管在1985~2007年，29个省份随着时间的推移平均对外开放程度逐步提高，但始终没有超过0.45（图3.1），所以，从纠正城乡居民消费过度敏感性的角度看，全国所有省份贸易开放的广度和深度仍有待进一步的拓展。一方面，贸易开放程度较低的中西部内陆和东部沿海省份可以通过提高贸易开放程度来最终跨过临界值，以进入贸易开放降低消费过度敏感性的阶段，而不要停留在贸易开放增加消费过度敏感性的阶段，这需要通过加快内陆贸易开放和提升沿边贸易开放来完成。另一方面，虽然东部沿海省份的贸易开放程度比较高，但仍有部分年份的贸易开放程度没有超过甚至达到临界值，这意味着东部沿海省份的贸易开放仍然有继续深化的巨大空间。

如表3.7所示的OLS估计中，尽管FE模型能够剔除非观测的地区特定效应，进而得到参数的一致估计，有效地解决了OLS估计及RE模型无法处理的遗漏变量问题，但是，FE模型估计的一致性要求解释变量与随机误差项无关的假定成立，也即是说，解释变量都是外生的。对进出口比重变量的Hausman检验结果不能拒绝该变量是内生的这一判断。[③]表3.8报告了使用前文构造的工具变量进行2SLS估计

① 81个观察点为8个地区（在特定年份）：北京（2004~2007年）、广东（1987~2007年）和上海（1994~2007年）、天津（1995~2007年）、福建（1991~1997年和2002~2007年）、江苏（2002~2007年）、海南（1991~1995年）、浙江（2003~2007年）。

② 150个观察点为11个地区（在特定年份）：北京（1993~1996年和1999~2007年）、广东（1987~2007年）和上海（1987~2007年）、天津（1987~2007年）、福建（1989~2007年）、江苏（1996~2007年）、海南（1988~1998年和2004年）、浙江（1994年和1999~2007年）、辽宁（1990~1992年、1994~1997年和2000~2007年）、山东（2003~2007年）、新疆（2007年）。

③ 本章采用EViews 6.0软件手工完成此检验。

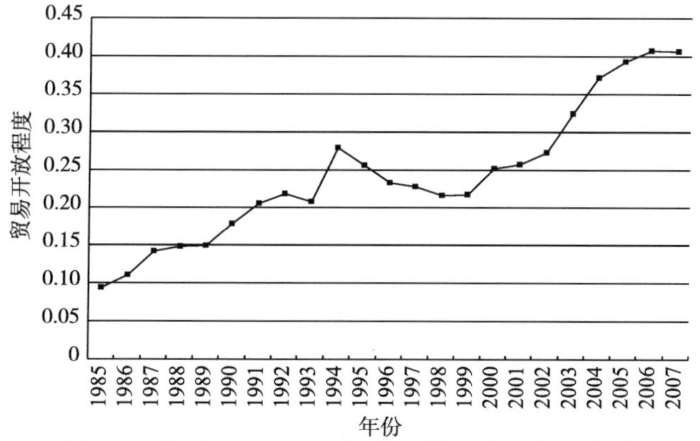

图 3.1　中国 1985~2007 年的对外开放程度时序图

每一年都是各个省份的对外开放程度的算术平均值，样本数据来自《中国统计年鉴 2008》

的结果，实证结果与表3.7中组合（2）和（4）没有实质性的差异。相比于表3.7来讲，表3.8中贸易开放及其与贸易开放有关的两个交互项的估计系数绝对值都有明显的提高，这说明该进出口比重变量的内生性会直接导致OLS估计存在明显的向下偏倚，进而低估了贸易开放在各省份城乡居民消费过度敏感性演进过程中的作用。滞后收入增长率、贸易开放与滞后收入增长率交互项仍然显著为正，贸易开放平方与滞后收入增长率交互项依然显著为负，从而拓展后的封闭经济约束理论假说继续得到经验支持。

表 3.8　面板 2SLS 估计结果

解释变量	被解释变量 ΔC_{it}			
	城镇		农村	
	（2）FMA	（2）open_85	（4）FMA	（4）open_85
$\Delta Y_{i,t-1}$	0.341 227***	0.268 690***	0.051 466*	0.020 231*
	（0.076 870）	（0.084 991）	（0.091 095）	（0.085 284）
$\text{open}_{it} \times \Delta Y_{i,t-1}$	0.326 006*	0.801 751*	1.896 239**	1.790 377***
	（0.628 550）	（0.754 408）	（0.823 933）	（0.699 154）
$\text{open}_{it}^2 \times \Delta Y_{i,t-1}$	−1.123 569**	−1.554 179**	−1.879 242***	−1.567 876***
	（0.587 909）	（0.712 453）	（0.743 948）	（0.616 814）
open_{it}	0.245 364***	0.299 352***	0.203 358***	0.137 654*
	（0.042 912）	（0.049 538）	（0.050 455）	（0.020 340）
常数项	−0.020 629***	−0.032 281***	−0.012 915	0.026 346***
	（0.008 580）	（0.010 159）	（0.011 391）	（0.004 771）
地区 FE	是	是	是	是
观察值	609	609	609	609
组内 R^2	0.191 866	0.136 775	0.074 423	0.019 670
Hausman 检验值	23.046 828***	26.617 978***	26.617 536***	28.292 970***

注：圆括号中数值为回归系数的标准差，Hausman 检验的零假设是 FE 和 RE 的估计系数没有系统性差异

***、**和*分别表示在 1%、5%和 10%的水平上显著

为了使我国的扩大内需政策更有成效，进而实现经济的可持续发展，最终提高居民的福利水平，必须通过合理措施来纠正城乡居民消费的过度敏感性。封闭经济约束假说意味着贸易开放对我国省份城乡居民消费过度敏感性具有显著的倒“U”形影响，并且目前大部分省份的贸易开放程度都低于临界值，因此为了纠正城乡居民消费的过度敏感性，需要有效弱化封闭经济约束，而进一步拓展贸易开放的广度和深度显然是应有之义。尽管这一政策建议的具体内容似乎并没有太多的新颖之处，但是，创新之处表现在提出该政策建议的视角与已有研究的视角迥然不同，既往提出加大对外贸易开放政策建议的国内外研究主要是基于经济增长的视角（Frankel and Romer，1999；Irwin and Tervio，2002；兰宜生，2002；沈坤荣和李剑，2003；彭国华，2007），而本章则是基于矫正居民消费过度敏感性的视角。

3.5 金融市场的拓展后封闭经济约束假说检验

3.5.1 计量模型设定

在上述理论与实证分析的基础上，为了进一步验证与金融市场相关的拓展后封闭经济约束假说，接下来需要对省份城乡居民消费过度敏感性与金融开放之间的非线性关系进行实证检验。为了得到实证分析的计量模型框架，需要将金融开放与消费过度敏感性之间的联系，合理纳入我们参照Ostergaard等（2002）的方法所得到的计量模型1之中。金融开放对消费过度敏感性的倒“U”形的影响表示为消费过度敏感性参数b_1是金融开放的二次函数，则有

$$b_1 = \beta_0 + \beta_1 \mathrm{fin}_{it} + \beta_2 \mathrm{fin}_{it}^2$$

将上式代入计量模型1，得到：

$$\Delta C_{it} = \alpha_i + \beta_0 \Delta Y_{i,t-1} + \beta_1 \mathrm{fin}_{it} \times \Delta Y_{i,t-1} + \beta_2 \mathrm{fin}_{it}^2 \times \Delta Y_{i,t-1} + \varepsilon_{it}$$

此外，在上述计量模型的基础上，我们还单独控制了金融开放，因为金融开放是中国改革开放政策的一个重要组成部分，它对消费存在独立的直接影响。最终，得到用于检验与金融市场相关的拓展后封闭经济约束理论假说的计量模型：

$$\Delta C_{it} = \alpha_i + \beta_0 \Delta Y_{i,t-1} + \beta_1 \mathrm{fin}_{it} \times \Delta Y_{i,t-1} + \beta_2 \mathrm{fin}_{it}^2 \times \Delta Y_{i,t-1} + \beta_3 \mathrm{fin}_{it} + \varepsilon_{it}$$

根据前文的理论分析，我们预期$\mathrm{fin}_{it}^2 \times \Delta Y_{i,t-1}$、$\mathrm{fin}_{it} \times \Delta Y_{i,t-1}$和$\Delta Y_{i,t-1}$三项的系数符号依次为负、正和正，即对应着与金融市场相关的拓展后封闭经济约束假说。

3.5.2 变量选取与数据说明

针对金融开放程度的度量，有两种方法：一种是通过国内外利率差来度量；另一种是通过总资本流动量占GDP份额来衡量，其中总资本流动量等于资本流入

和资本流出之和，资本流入等于外商直接投资（foreign direct investment，FDI）与组合投资债务之和，而资本流出等于对外直接投资和组合投资资产之和（张瀛，2006）。在实证检验与金融市场相关的封闭经济约束时，我们采用的是省级面板数据，通过搜集发现除了FDI之外，其余指标的省级数据无法获取，参照国内既往文献孙浦阳等（2011）的做法，本章采用FDI总额占GDP份额来近似代替金融开放程度。变量及其定义见表3.9。

表 3.9　变量及其定义（三）

变量性质	变量名称	变量含义	计算方法	预期符号
被解释变量	ΔC_{it}	消费变化	省级城乡实际人均消费自然对数的一阶差分	
解释变量	ΔY_{it}	收入变化	省级城乡实际人均收入自然对数的一阶差分	+
	fin_{it}	金融开放	FDI 总额/地区生产总值	+
	$\text{fin}_{it} \times \Delta Y_{i,t-1}$	金融开放与收入的交互项	金融开放×收入变化	+
	$\text{fin}_{it}^2 \times \Delta Y_{i,t-1}$	金融开放平方与收入的交互项	金融开放×金融开放×收入变化	−

关于金融开放程度，我们采用FDI总额（单位：亿美元）占地区生产总值的份额来衡量，FDI总额均用人民币对美元汇率中间价折合成人民币，各省份的FDI总额数据来自《新中国六十年统计资料汇编》。其他变量的选取及数据来源与前文完全一致。此外，青海缺少1987~1996年的FDI总额样本数据，为了避免引入其他的潜在问题，我们对此并未做任何的处理，因此本小节的面板数据为非平衡面板数据。主要变量的描述性统计见表3.10。

表 3.10　主要变量的描述性统计（三）

变量	均值	中位数	标准差	最小值	最大值
城镇 $\text{fin}_{it} \times \Delta Y_{i,t-1}$	0.002 322	0.001 046	0.003 639	−0.006 348	0.032 861
农村 $\text{fin}_{it} \times \Delta Y_{i,t-1}$	0.001 733	0.000 687	0.003 193	−0.005 309	0.025 762
城镇 $\text{fin}_{it}^2 \times \Delta Y_{i,t-1}$	1.65×10^{-5}	1.36×10^{-7}	8.15×10^{-5}	-7.76×10^{-5}	0.001 410
农村 $\text{fin}_{it}^2 \times \Delta Y_{i,t-1}$	0.000 138	1.06×10^{-5}	0.000 449	−0.000 640	0.006 026
fin_{it}	0.031 474	0.018 006	0.037 731	2.17×10^{-5}	0.241 911

3.5.3　实证结果与分析

为了着重检验与金融市场相关的拓展后封闭经济约束假说，表3.11报告了回归方程（3.4）的面板数据模型OLS初步估计结果。为了控制各省份之间的差异，选择地区FE模型。考虑到中国改革开放以来各省份之间的差异越来越大，为了克服可能存在而又无法识别的异方差，本小节对估计系数进行White跨截面标准差和协方差调整。

表 3.11 面板数据 FE 模型估计结果

解释变量	被解释变量 ΔC_{it}	
	农村	城镇
$\Delta Y_{i,t-1}$	0.084 921*	0.391 301***
	(0.061 185)	(0.046 678)
$\text{fin}_{it}\times\Delta Y_{i,t-1}$	5.527 026**	0.695 336*
	(2.761 733)	(1.209 077)
$\text{fin}_{it}^2\times\Delta Y_{i,t-1}$	−62.950 331***	−107.710 514***
	(17.151 092)	(39.536 230)
fin_{it}	0.627 556***	0.535 991***
	(0.141 712)	(0.129 510)
常数项	0.017 334***	0.014 908***
	(0.004 749)	(0.004 016)
地区 FE	是	是
观察值	599	599
组内 R^2	0.088 919	0.223 832
Hausman 检验值	13.129 974***	12.045 730***

注：圆括号内数值为回归系数标准差，Hausman 检验的零假设是 FE 和 RE 估计系数没有系统性差异

***、**和*分别表示在 1%、5%和 10%的水平上显著

在表3.4已经通过实证检验发现城乡居民确实存在明显的消费过度敏感性的基础上，将用于检验消费过度敏感性的计量模型中额外引入金融开放、金融开放与滞后收入增长率的交互项，以及金融开放平方与滞后收入增长率的交互项，采用城乡居民相应样本数据进行实证估计的结果显示，金融开放的回归系数在1%显著性水平上均为正，滞后收入增长率及两个交互项的回归系数也依次在不同的显著性水平上（至少在10%的水平上）通过了统计检验，并且估计系数在经济意义上也都是显著的，估计系数符号也与前文拓展后的封闭经济约束理论假说预期完全一致。也就是说，在金融开放程度不高时，提高金融开放会加剧消费过度敏感性，而当金融开放程度超过某个临界值之后，进一步强化金融开放会减弱消费过度敏感性。这说明金融开放对城乡居民的消费过度敏感性确实存在显著的先上升后下降的倒“U”形影响，因此，与金融市场相关的拓展后封闭经济约束理论假说得到了经验验证。

从表3.11的估计结果中我们能够发现，与金融市场相关的拓展后封闭经济约束的逻辑和与商品市场相关的拓展后封闭经济约束完全一致。但必须还得强调的

两点是：第一，限于样本数据获取性的制约，我们只能用FDI占地区生产总值份额来做金融市场一体化的替代变量,但这种次优的选择可能仍然存在改进的空间。第二，根据张瀛（2006）对中国金融市场一体化度量的详细阐述，FDI占地区生产总值份额仍然可以在一定程度上衡量金融市场一体化，所以本小节的回归结果仍然能够说明我们要研究的问题，仍然包含了值得我们深思的结果。

理论上，更高的金融开放度为经济提供了利用国际资金来缓解国内居民流动性约束的机会，进而有利于经济稳定，但与此同时也可能会导致中国经济更容易受到国际上外生经济波动的冲击，进而带来更大的波动性，因为资本流的外生移动干扰了经济活动，因此非常明智的政策建议是制定新的金融战略，从而冲销资本突然外流的风险，且还能保证融资的可行性（Easterly et al.，2001a）。针对中国的情况，我们认为：第一，要充分利用金融市场开放有利于经济稳定的机制，如充分利用国外资金来缓解国内居民流动性约束，以起到稳定经济的作用；第二，要尽可能压缩金融市场开放不利于经济稳定的机制，如加快国内金融体制改革，改善金融发展滞后的局面，通过金融发展以降低金融一体化对中国经济稳定的不利影响，这一点很重要，其是有过往研究作为依据的。已有国外研究结果显示，在发展中国家，金融发展在金融一体化对经济波动影响中发挥了至关重要的作用（Patrick，2008），已有的国内研究（孙立坚和孙立行，2005）也认为，金融体系的健全程度决定了开放经济下经济波动的性质和规模，因此金融体系运行机制的完善对于金融开放至关重要。

3.6　本章小结

如何矫正中国居民消费行为存在的过度敏感性，使中国走上依靠内需实现经济持续发展的道路，是社会各界关心的一个重大问题。学术界也就此展开了大量的研究，然而在经济开放是如何影响居民消费行为这一方面，我们依然知之甚少。本章抓住中国经济转型的背景，从国际市场和国内市场相互关联出发，理解中国地区居民消费过度敏感性变动及其原因。

基于经济开放、区域市场分割与消费过度敏感性变动的理论逻辑与来自中国样本的实证研究，本章得到如下三个主要结论：第一，使用中国29个省份的城乡居民消费和收入面板数据，系统研究了城乡居民消费过度敏感性的变动，定量分析结果表明，省级城乡居民消费均存在过度敏感性，但一旦剥离了全国层面城乡居民消费和收入的总体波动之后，消费过度敏感性明显降低，居民消费过度敏感性的这一变动意味着省级城乡居民消费的过度敏感性主要是由全国层面经济状况而非省份特定经济情形所引致，也即是说，中国与其他国家之间相对于国内各省份之间的更封闭导致省级居民消费存在明显的过度敏感性。第二，结合中国经济现实对国外文献的封闭经济约束假说（Ostergaard et al.，2002）进行拓展，提出了一个适合从经济开放视阈解释中国居民消费过度敏感性的假说，该拓展后的假说认为经济开放在预知消费过度敏感性变动方面具有重要作用，随着经济开放程度的提高，居民消费过度敏感性会呈现先上升后下降的非线性演变态势。第三，使用中国29个省份的城乡居民消费、收入、贸易开放、金融开放面板数据及两个工具变量2SLS方法对这个拓展后的假说进行系统验证，实证结果表明，经济开放对居民消费过度敏感性确实存在显著的倒“U”形影响，当经济开放程度较低时，经济开放会加剧消费过度敏感性，而当经济开放程度超过某个临界值后，进一步的经济开放会缓解消费过度敏感性，这意味着该假说很好地通过了中国数据的检验。

本章在已有国内外研究基础上做了如下工作：①采用省级城乡面板数据验证了居民消费过度敏感性变动的稳健性；②从理论的角度看，结合中国经济现实对封闭经济约束假说进行拓展分析，即将国际市场与国内市场的关联嵌入封闭经济约束理论假说当中，就既有文献而言，这是一次新的尝试，丰富了已有的消费理论；③从现象解释的角度看，采用省级城乡面板数据对拓展后封闭经济约束假说进行检验，结合中国经济的转型背景说明了贸易开放和金融开放对消费过度敏感性倒“U”形的非线性影响；④从政策含义的角度看，通过对不同贸易开放和金融开放程度下居民消费过度敏感性变动的分析，指出了刺激居民消费需求的可行路径,为政府部门改善扩大内需政策的成效提供了来自消费过度敏感性的切入点。

本章所得到的上述主要研究结论具有非常鲜明的政策含义。本章的发现为纠正中国居民消费行为的过度敏感性以刺激消费需求进而扩大内需提供了切实可行的清晰思路：消费过度敏感性的下降需要各地区经济开放程度的提高。长期来看，经济开放不会加剧消费过度敏感性，随着经济开放程度的提高，经济开放最终必将能够减弱消费过度敏感性。从这一角度看，既有的经济开放程度对于较东部沿海封闭的中西部内陆地区来讲既是劣势又是优势。无论是在城镇，还是在农村，东部发达地区居民的消费都高于中西部落后地区。说过低的经济开放程度是劣势，是因为这会显著地增强消费过度敏感性。但它同时也是一个优势，因为如果能适当地提高经济开放程度,则这些地区的消费过度敏感性可以实现更为迅速的下降。因此，有效提高经济开放程度可以让劣势变为优势，实现消费需求上的追赶。

改革开放以来，我国经济取得了举世瞩目的飞速发展，贸易事业发展大大快于国民经济整体发展，加入世界贸易组织之后，贸易开放程度更是有了实质性的进展和突破，金融开放程度也有所加强。但伴随对外开放程度逐步有序加大，我国的扩大内需政策却迟迟无法取得预期的效果。全球金融危机及欧洲主权债务危机爆发之后，欧美等发达国家对我国的外需明显下降，中美两国乃至全球贸易摩擦日渐升温，这种背景下，扩大内需政策的重要性更是有增无减。“十二五”时期是我国深化改革开放的攻坚时期，深刻认识并准确把握国内外形势新变化、新特点，对于促进经济长期平稳较快发展并夺取全面建设小康社会新胜利具有重要意义。2010年国务院《政府工作报告》中指出，“必须坚持统筹国内国际两个大局，把扩大内需作为长期战略方针，坚定不移地实行互利共赢的开放战略，加快形成内需外需协调拉动经济增长的格局”①（赵永亮，2011）。因此，内外需并存不悖地协调发展目前存在现实的紧迫性。

为了切实刺激城乡居民消费需求以有效扩大内需，进而实现我国经济的包容性增长（inclusive growth），最终实质性地增进城乡居民的福利水平，通过合理措施纠正城乡居民消费的过度敏感性显得尤为重要。基于本章的理论和实证研究结果，封闭经济约束是导致我国省级城乡居民消费存在明显过度敏感性的一个重要原因，因此，提高金融市场和商品市场开放水平并拓展贸易开放的广度和深度，是有效降低居民消费过度敏感性进而扩大内需的一个良策。非常有趣的是，从纠正居民消费过度敏感性崭新视角提出的可用于刺激内需的政策建议，更像是在试图通过提振外需来支撑中国经济的持续增长，如此说来，对外开放与扩大内需并不矛盾（胡书东，2010），内部市场一体化的推进与外部市场一体化目标是一致的（赵永亮和才国伟，2009），进一步提高我国金融和商品市场开放整体水平并拓展贸易开放的广度和深度就成为一个既能直接提振外需又能间接扩大内需的“鱼和熊掌”兼得的政策建议。

对于具体的政策建议，就金融市场开放而言，更高的金融开放程度提供了利用国际资金来缓解国内居民流动性约束的机会，有利于矫正消费过度敏感性，但同时也可能让中国经济更容易受到国际上外生经济波动的冲击，不利于降低消费过度敏感性。已有研究表明，国内金融发展程度在金融开放对经济波动影响当中发挥了至关重要的作用，国内金融发展程度高的国家更有机会从金融开放中受益（孙立坚和孙立行，2005；Patrick，2008），因此针对中国金融开放的具体建议是，尽快完善国内金融体系运行机制，以化解金融开放过程中的风险，并且还能保证融资的可行性。就商品贸易开放而言，首先，合理削减贸易壁垒，加强融入多边贸易体制并完善双边贸易合作关系，切实加快贸易自由化进程，克服外部环境变化的不利影响，保持对外贸易稳定增长；其次，加快转变对外贸易发展方式，扭转“重出口、轻进口”的贸易局面，最终形成进出口平衡发展的良性格局，促进国际收支基本平衡；再次，落实进出口市场多元化和产品多样化战略，并优化进出口产品结构和市场结构，提高对外贸易的质量和效益，增强对外贸易的可持续发展能力；最后，加大中西部落后地区的基础设施建设

① 参见《2010年国务院政府工作报告》：http://www.scio.gov.cn/xwfbh/xwbfbh/wqfbh/2015/20150305/xgbd32605/document/1395827/1395827.htm，2015年3月5日。

以降低这些地区对外贸易的物流成本，也降低各地区之间的交易成本。在全球金融危机的冲击下，美国为了解决就业并迅速恢复经济增长速度，试图通过保护本国产业来做到这一点，贸易保护主义开始抬头。然而，美国通过单方的贸易保护来达到刺激本土经济的目的其实很难行得通，就业压力也只是短期的缓解，而带来的则是长期的更大的失业压力。推行全球贸易各国相互开放市场的好处已经有目共睹，对世界经济发展的正面影响非常明显，正如欧盟委员会前主席巴罗佐所言，“全球化创造了大量财富，使世界大量人口脱贫。不应试图结束全球化”“以往的经济危机往往导致贸易保护主义”，他敦促二十国领导人不要重蹈旧路[①]。

① 《巴罗佐发表声明捍卫全球化反对贸易保护主义》：http://www.china.com.cn/news/txt/2009-09/25/content_18596585.htm，2009年9月25日。

第 4 章　贸易开放对中国地方政府规模的影响

改革开放以来，中国对外贸易经历几十年的快速增长，进出口总额名义值在1978~2013年的年均增长4.49%。贸易开放度从1978年的9.74%增加到2013年的45.28%，也即是说，2013年的进出口占GDP份额演变为改革开放之初1978年的近5倍。与此同时，中国地方政府规模也日益膨胀，从省级政府消费名义值的平均值来看，1978~2013年的36年之间，政府消费额年均增长17.80%；从省级政府消费占GDP份额的平均值来看，省级政府规模从1978年的8.54%上升到2013年的14.49%[①]。那么，贸易开放度的提高是否因果性地直接导致了中国地方政府规模的持续扩张呢？

针对贸易开放与中国地方政府规模之间的关系，学术界已经给予了一定的关注，并且基本上都发现两者之间是正相关的（Guillaumont and Hua，2004；杨灿明和孙群力，2008；高凌云和毛日昇，2011；梅冬州和龚六堂，2013），进而沿袭该领域最重要的国外文献Rodrik（1998）提出的补偿假说对其加以解释：贸易开放导致一个地区会面临更大的外部风险，进而需要更大规模的地方政府部门通过提供补偿来扮演降低风险的角色，以保持经济的稳定。然而，该领域另一篇很有影响力的国外文献Alesina 和 Wacziarg（1998）却对贸易开放与政府规模之间的直接联系提出了严重质疑。他们认为，人口规模对贸易开放和政府规模都具有显著的影响：人口规模较大的地区拥有更大的地区内部市场，降低了其通过国际贸易增进社会福利的激励，导致贸易开放程度较低（Alesina et al.，2000）；政府提供的公共物品与服务是非竞争性的，人口规模越大，政府支出越具有规模经济，其公共物品与服务的固定成本也就越低，进而政府规模越小（Alesina and Spolaore，1997）。他们通过实证研究发现，人口规模同时与贸易开放和政府规模负相关，进而认为这两组负相关可以解释Rodrik（1998）所发现的贸易开放与政

① 原始数据来源于《新中国六十年统计资料汇编》和《中国统计年鉴 2014》，经作者计算得出。

府规模的正相关关系，也即贸易开放与政府规模不存在直接联系，在两者之间的正相关关系中，人口规模起着关键的居间驱动作用。

中国实行世界上独一无二的计划生育政策，但随着医疗技术的进步和居民保健意识的提高，人口规模依然保持逐渐增长的态势，总人口数从1978年的96 259万人上升到2013年的136 072万人，36年之间总人口年均增长0.99%。2016年全面二孩生育政策的落实可能会进一步促进人口规模的增长。在这样的现实背景下，探讨人口规模在贸易开放与地方政府规模之间关系中是否起着关键的驱动作用，具有突出的政策指导意义。确切地讲，贸易开放与地方政府规模间的正相关是否应该归因于如下的事实：人口规模越小的省份，对外贸易开放程度倾向于越高，也倾向于拥有更大规模的地方政府部门？针对这一问题的答案，将关系到伴随中国人口规模的扩张，贸易政策和财政政策的协调和指向是否需要做出调整。

贸易开放与中国地方政府规模之间的正相关关系是否经得住Alesina和Wacziarg（1998）对两者直接联系的质疑？如果答案是肯定的，那么贸易开放与地方政府规模之间的因果关系又是怎样的？地方政府需要如何应对已经实行的更加积极主动的开放战略？本章以人口规模是否起着关键的驱动作用为研究切入点，客观认识贸易开放、人口规模与地方政府规模的联系和因果效应，这对于政策制定者制定人口政策、贸易政策和财政政策都具有重要参考价值。本章研究结果表明，贸易开放与中国地方政府规模之间的正相关确实是直接联系，而并非由人口规模居间驱动所致；且贸易开放是中国地方政府规模膨胀的重要原因：地方政府为了将贸易开放带来的外部风险降至最低以稳定经济而选择增加财政支出。就中国自身而言，本章为理解中国未来地方政府规模的演进提供了可靠的证据。既然贸易开放确实通过带来额外风险而直接对地方政府规模形成了更大的需求，那么伴随自贸区建设等一系列更加积极主动开放战略和“一带一路”倡议的有序推进，适度增加地方政府在民生领域的支出规模可能将势在必行。

本章余下部分的结构安排如下：4.1节评述与本章相关的已有文献，从中揭示本章理论机制；4.2节是模型设定与数据说明；4.3节考察人口规模是否在贸易开放与地方政府规模关系中起关键的驱动作用；4.4节检验贸易开放与地方政府规模的因果效应；4.5节为进一步分析；4.6节对本章进行总结。

4.1 理论机制

近年来，贸易开放对政府规模的影响效应成为学术界十分感兴趣的话题。从当前的国内外研究文献梳理上来看，对于贸易开放与政府规模之间的关系，学术界大致有三种不同的理论观点：第一种观点和第二种观点都认为，贸易开放是影响政府规模变动的一个重要因素，但具体的影响方向和影响机制却完全不同，代表性的文献是Alesina和Perotti（1997）与Rodrik（1998）的研究，前者认为效率假说（efficiency hypothesis）使两个变量之间负相关，后者认为补偿假说（compensation hypothesis）使两者之间正相关。第三种观点认为，两者之间的相关关系其实是其各自与第三个变量之间相关性所驱动的假象，本章将这一观点命名为驱动假说（mediation hypothesis），代表性的文献是Alesina和Wacziarg（1998）的研究。

4.1.1　效率假说的思想与验证

第Ⅰ类文献强调贸易开放使政府减税降支以提高效率成为必然。效率假说（Alesina and Perotti，1997）的核心思想是：政府过多干预会降低市场的资源配置效率，而投资者将以退出该地区市场作为威胁倒逼政府减小干预的范围和强度，这种情况下，政府只有减少税收和债务并削减支出、提高效率，才能吸引要素流入，为此，贸易开放会通过引入地区间对投资者的竞争而降低市场扭曲程度，增加要素流动性，进而降低政府获得较高收入和维持较大支出规模的能力。极少量文献为效率假说提供了证据。例如，Garrett和Mitchell（2001）利用18个OECD国家面板数据提供了证据以支持贸易开放减小政府规模的观点。Islam（2004）采用澳大利亚、加拿大、英国、挪威、瑞典和美国时序数据研究贸易开放与政府规模的长期关系，结果发现只有美国的贸易开放与政府规模为负相关。Abizadeh（2005）发现，加拿大、新加坡和乌拉圭三个国家贸易开放与政府规模是负相关的，他认为伴随传统小型开放经济体的逐步开放，世界经济一体化程度也明显提高，这些国家可以调整自己的贸易限制以免受外部冲击，进而国内政府扮演的角色越发不重要。Liberati（2007）使用美国、加拿大、澳大利亚、新西兰、日本及15个欧洲国家组成的跨国面板数据分析结果支持效率假说。Petrou（2014）运用102个国家面板数据的研究发现，贸易开放会显著降低政府支出，这与效率假说的预期一致，但是贸易开放却不会影响政府消费。Fujii（2015）认为，对于日本这样一体化程度非常高的国家，贸易一体化与金融市场一体化往往相伴而行，其国内各地区居民拥有更多的市场工具来分散自己面临的外部风险，进而贸易开放与地方政府规模之间为负相关。

4.1.2　补偿假说的思想与验证

第Ⅱ类文献强调贸易开放带来的外部风险需要政府部门提供补偿。该领域的开创性文献为Cameron（1978）的研究，Cameron基于18个OECD国家数据的实证研究发现，1960年的贸易开放程度对1960~1975年政府税收收入的增长具有最强的预测作用，从而提出补偿假说以对上述结果加以解释，该假说后来被Ruggie

（1982）加以拓展，其内在逻辑是：贸易开放程度越高，工业集中程度越高，工会力量越强大，集体谈判的范围越广，这对政府税收收入产生了更大的需求，以削弱外部风险。这是最早版本的补偿假说。然而，最早对贸易开放与政府规模之间关系进行最细致而全面的实证研究的则非Rodrik（1998）的工作莫属，他采用包括发展中国家在内的103个或125个国家更大样本的经验研究结果显示两者显著正相关，进而基于一般均衡模型提出了补偿假说（Rodrik，1998）的内在机制：贸易开放导致一个国家面临更大的外部风险，这客观需要更大规模的政府来扮演降低风险的角色。这一版本的补偿假说是目前最为流行的[①]。此后，陆续衍生了大量的实证研究，为补偿假说提供了来自跨国横截面、跨国面板、各国时序、跨省（跨州）面板不同维度样本数据的经验证据。

基于跨国面板数据或者横截面数据的研究文献是最多的，其中一类文献主要探讨了贸易开放与政府总支出之间的关系或因果效应。例如，Iversen和Cusack（2000）采用15个OECD国家的面板数据分析发现，贸易开放并不会导致政府规模变动。Garrett（2001）基于165个国家的面板数据研究发现政府规模伴随贸易开放程度的提高而上升，认为这是补偿假说的力量超过效率假说使然。Garen和Trask（2005）利用24个OECD国家与96个国家1990年横截面数据，Epifani和Gancia（2009）基于143个国家横截面和面板数据，Kimakova（2009）运用87个发达国家和发展中国家面板数据，以及Nahidi等（2013）使用（中西亚）经济合作组织（Economic Cooperation Organization，ECO）10国面板数据均提供了证据支持贸易开放扩大政府规模的观点。Benarroch和Pandey（2008）采用96个国家面板数据考察贸易开放与政府规模的关系及因果效应，结果认为更大规模的政府往往对市场进行更多的干预，也同样意味着其更倾向于贸易保护主义，导致贸易开放程度更低。Lin等（2014）以92个发展中小国家为样本，实证考察了贸易开放与政府规模的因果关系，结果发现贸易开放程度的提高是导致政府规模扩张的重要原因。毛捷等（2015）从历史视角出发，实证分析了19世纪中叶以来两次不同背景的经济全球化对政府规模的影响，发现两者关系并非一成不变，政府职能在其中起着关键作用。此外，还有一类文献主要考察贸易开放与不同类型政府支出之间的差异化关系或因果效应。例如，Shelton（2007）发现，伴随贸易的开放，发达国家的社会保障、基础设施和工资水平会相应增加；发展中国家基础设施、教育的政府支出会增加，但这一结果被认为仅有一小部分可以由补偿假说解释。Sanz等（2008）使用国际社会调查项目（International Social Survey Programme，ISSP）的调查问卷分析了22个OECD国家对自由贸易的支持程度和社会福利支出之间的关系，结果发现居民往往更支持那些支付更多社会福利保险金的国家进行自由贸

① 两个版本的补偿假说的共同点是，越开放的经济越需要政府支出来充当降低风险的工具。

易，这从一个不同的视角验证了补偿假说。Dreher等（2008）运用60个国家和18个OECD国家面板数据的研究表明，贸易开放并没有对不同类型的政府支出产生稳健性的影响，Gemmell等（2008）采用25个OECD国家面板数据得到同样的结论。Walter（2010）基于瑞士调查数据研究了补偿假说的微观层面因果机制，发现全球化的失败者更可能表达其所面临的经济不安感，这种感觉将导致其需要更好的社会福利制度。Benarroch和Pandey（2012）使用119个国家面板数据考察了贸易开放与不同类型政府支出的联系与因果关系，发现贸易开放与低收入国家政府国防和医疗支出规模呈正相关，贸易开放是低收入国家政府教育支出规模变动的原因。Jiang（2014）利用21个转型经济国家面板数据实证考察了贸易开放与政府福利支出的关系，发现两者之间并没有必然的联系。Asatryan等（2014）在接受补偿假说前提下着重探讨了如何实施补偿计划，认为针对自由贸易失败者的积极劳动力市场政策可作为一种很有效的补偿方式，并且证实了22个OECD国家的确已经通过增加劳动力市场政策相关的政府支出弱化了自由贸易的负面影响。

利用时序数据进行实证考察的文献近期不断涌现，尤其是以发展中国家为样本的崭新证据较为新鲜。事实上，基于跨国数据的分析对是否控制国家特征非常敏感，而单独针对不同国家的研究则不存在这一限制（高凌云和毛日昇，2011）。例如，Islam（2004）发现，加拿大、英国、挪威、瑞典四国各自的贸易开放与政府规模呈正相关。Molana等（2004）采用23个OECD国家时序数据考察贸易开放与政府规模的因果关系，发现英国、挪威和日本支持补偿假说，瑞典、意大利和比利时支持效率假说，而其余国家两种假说都不支持。西班牙（Sáenz et al.，2013）、希腊（Georgantopoulos，2013）和美国（Abizadeh，2005）时序数据为补偿假说提供了来自欧洲和北美洲国家的证据。除上述发达国家之外，补偿假说也得到了源自亚洲和非洲一些发展中国家的经验支持。由于发展中国家国内金融市场发展水平较低、国际资本市场一体化程度较低、贸易条件波动性较大，因此发展中国家对社会保险可能有更大的需求。Kueh等（2008）利用时序数据对印度尼西亚、马来西亚、菲律宾和泰国的研究表明，贸易开放对政府规模具有长期的正向影响。基于巴基斯坦不同年份跨度时序数据的分析结果都稳健地支持补偿假说（Shahbaz et al.，2010；Zakaria and Shakoor，2011；Shaheen et al.，2012）。Al-Qudair（2014）使用沙特阿拉伯时序数据实证考察了贸易开放与政府规模的因果关系，发现贸易开放是政府规模变动的原因。此外，补偿假说也适用于加纳（Nwaka and Onifade，2015）、尼日利亚（Aregbeyen and Ibrahim，2014；Ibrahim，2015；Nwaka and Onifade，2015）、阿尔及利亚（Ibrahim，2015）、韩国和埃及（Abizadeh，2005）这些国家。

基于一个国家内部跨省或跨州面板数据的实证研究并不多，但却为补偿假说提供了更加细微层面的新颖证据。基于跨国数据的研究难以控制不同国家之间的巨大异质性，而基于一国内部省际或州际数据的研究比基于跨国数据的研究面临的异质性问题要小很多，为此，也有研究考虑补偿假说是否适用于解释贸易开放与地方政府规模之间的关系。对于贸易开放与州级政府之间的关系，Balle和Vaidya（2002）基于美国1987~1997年州际面板数据的研究发现，贸易开放与地方政府规模之间是正相关的。然而，基于中国省级面板数据分析贸易开放与地方政府规模之间关系的文献，据我们所知最早的是Guillaumont和Hua（2004），他们以中国1998年前的29个省份为样本，实证考察了更开放的省份是否拥有更大的政府规模，结果发现省政府为了降低贸易开放带来的外部风险而增加了支出。随后，杨灿明和孙群力（2008）利用1978~2006年省际面板数据实证分析了外部风险对中国地方政府规模的影响，他们认为贸易开放带来的外部风险导致了地方政府规模的扩大。高凌云和毛日昇（2011）使用1995~2006年省际面板数据考察贸易开放对中国地方政府不同类型支出的差异化影响，尤其强调了贸易引致性、预期风险引致性就业调整的作用。梅冬州和龚六堂（2013）基于1980~2008年跨国面板数据和省际面板数据的实证研究结果表明，贸易开放对发达国家政府规模具有负面影响，对发展中国家政府规模具有倒“U”形影响，对中国东部地区有负面影响，对中西部地区有正面影响。

针对效率假说和补偿假说这两种不同的理论思想所带来的截然相反的结论，从当前的主流研究文献来看，绝大多数的文献都支持补偿假说，这导致学者们针对补偿假说提出了一类更为深刻的问题，即贸易开放与政府规模之间是存在直接的联系还是存在被某个变量居间驱动的虚假关系？本章将沿着这一条研究脉络展开分析，这就是我们要强调的第Ⅲ类文献。

4.1.3　驱动假说的思想与验证

第Ⅲ类文献强调人口规模在贸易开放与政府规模之间的关系中起着至关重要的居间驱动作用。Rodrik（1998）版本的补偿假说提出当年就遭受到了该领域另一篇非常有影响力的文献（Alesina and Wacziarg，1998）的强烈质疑。Alesina和Wacziarg（1998）以与Rodrik（1998）完全相同的国家集为样本，实证研究了贸易开放、人口规模和政府规模之间的关系，发现人口规模与政府规模呈负相关，同时人口规模也与贸易开放呈负相关，因此，他们认为，人口规模同时与贸易开放和政府规模的负相关能够解释Rodrik（1998）所发现的贸易开放与政府规模之间正相关，更确切地说，贸易开放与政府规模之间的正相关是由人口规模居间驱动的，因此他们对于贸易开放与政府规模之间直接联系的存在性表示严重怀疑。为后文阐述的简洁起见，借鉴上述两类假说选取关键词的命名方式，本章也选取Alesina和Wacziarg（1998）理论假说的思想中“驱动”这一关键词将其命名为驱动假说。其内在机制是：政府提供的公共物品是非竞争性的，存在着规模经济，人口规模越大，人均政府支出就越少，因此人口规模和政府规模呈负相关（Alesina and Spolaore，1997）；人口规模越小，自给自足的能力越差，越倾向于通过与外界更紧密的联系和更频繁的交换满足所需，贸易开放程度越高，因此人口规模和贸易开放呈负相关（Alesina et al.，2000）；贸易开放和政府规模之间的正相关取决于人口规模，人口规模同时与贸易开放和政府规模的负相关最终导致贸易开放与政府规模之间表现为正向关系，也即贸易开放与政府规模的正相关是由人口规模居间驱动的假象。

鉴于补偿假说与驱动假说各自的思想完全针锋相对，尝试去验证两者孰对孰错成为必然，但对应文献却极其罕见。Ram（2009）基于154个国家1960~2000年的更大样本数据进行了系统的验证，实证结果稳健地否定了驱动假说，而显著地支持了补偿假说。Liberati（2013）也为显著不同的两种假说提供了额外的实证证据，采用上述154个国家1962~2009年样本数据的实证结果也表明，驱动假说不成立，而补偿假说仅适用于非洲相对更封闭的那些国家。在一项新近的研究文献中，Jetter和Parmeter（2015）将Ram（2009）所采用数据更新至2011年后，重新探究了两种假说中哪一个是正确的，结果依然不支持驱动假说，肯定了补偿假说。

4.1.4　既有研究评述与本章研究思路

迄今为止，对于贸易开放与政府规模之间的关系，国内外学术界并未达成共识，因此，需要来自世界各国和各地区的不同层面经验数据的实证证据，尤其是来自在国际贸易市场上举足轻重的中国数据的经验支持。目前，贸易开放与中国地方政府规模之间的关系正在成为国内学术界新的研究热点（Guillaumont and Hua，2004；杨灿明和孙群力，2008；高凌云和毛日昇，2011；梅冬州和龚六堂，2013），已有研究文献基本上一致发现贸易开放与中国地方政府规模之间是正相关的。然而，当前研究仍然表现出了两个非常明显的局限性：首先，最重要的一点是，贸易开放与中国地方政府规模之间的正相关是否经得住Alesina 和 Wacziarg（1998）对两者关系的质疑，上述已有研究都没有对这一质疑做出正面回应和严格论证。也即是说，贸易开放与中国地方政府规模之间的正相关关系究竟是两者之间的直接联系，还是由人口规模同时与这两个变量呈负相关所驱动的假象，人口规模是否在其中起到了关键的驱动作用？已有文献均未对此进行有针对性的细致分析，因此无法给出明确的答案。其次，非常关键的一点是，贸易开放本身是内生的，所以贸易开放与地方政府规模之间的因果关系在经验上是不容易识别的，尽管已有文献都探讨了贸易开放与中国地方政府规模之间的相关关系，但皆没有对两者之间的因果关系识别给予应有的关注。基于此，本章将围绕上述两个方面进行研究拓展。

4.2　计量模型设定与数据说明

本章通过实证分析发现了贸易开放、人口规模与中国地方政府规模之间的相互关系。同时，为了考察主要结论的准确性，本章逐步加入控制变量并对各省份时序数据进行回归，以避免因遗漏变量等因素对主要结论产生影响。另外，本章还通过滞后期工具变量、外部工具变量、所有解释变量滞后一期、所有解释变量取初始值、基于更长时序的虚拟变量法总共五种方法处理了潜在的内生性问题，以试图发掘贸易开放与中国地方政府规模之间的因果关系。

4.2.1　计量模型设定

本章要考察的是，贸易开放和中国地方政府规模之间的正相关关系是否是由各省份的人口规模同时与贸易开放和地方政府规模呈负相关关系所居间驱动的。为此，我们借鉴Alesina和Wacziarg（1998）及Ram（2009）的方法，将用于考察贸易开放、人口规模与地方政府规模之间可能关系的计量模型依次设定为如下形式：

$$\mathrm{gov}_{it} = \alpha_0 + \alpha_1 \mathrm{size}_{it} + \alpha_2 \mathrm{gdp}_{it} + \alpha_3 X_{it} + \eta_i + \delta_t + \varepsilon_{i1t} \tag{4.1}$$

$$\mathrm{open}_{it} = \beta_0 + \beta_1 \mathrm{size}_{it} + \beta_2 \mathrm{gdp}_{it} + \beta_3 X_{it} + \eta_i + \delta_t + \varepsilon_{i2t} \tag{4.2}$$

$$\mathrm{gov}_{it} = \gamma_0 + \gamma_1 \mathrm{open}_{it} + \gamma_2 \mathrm{gdp}_{it} + \gamma_3 X_{it} + \eta_i + \delta_t + \varepsilon_{i3t} \tag{4.3}$$

式中，下标i和t分别表示省份和年份；gov_{it}表示地方政府规模，由各省份政府消费占地区生产总值的比重构造而成；open_{it}表示贸易开放，由各省份进出口总额占地区生产总值的比重衡量；size_{it}表示人口规模，由自然对数形式的各省份年末总人口度量；gdp_{it}表示人均地区生产总值，由自然对数形式的实际人均地区生产总值刻画，是基准模型中的唯一控制变量；X_{it}表示其他控制变量；η_i表示地区固定效应，用于控制各省份不被观察到并且不随时间而发生变化的气候、文化和历史等差异；δ_t代表时间效应，用于控制所有省份共同面临的宏观经济形势变化；ε_{it}表示与地区和时间都无关的随机扰动项。式（4.1）和式（4.2）表示Alesina和Wacziarg（1998）所认为的人口规模对地方政府规模和贸易开放各自可能存在的影响，我们感兴趣的系数是α_1和β_1；式（4.3）则为Rodrik（1998）考察贸易开放对地方政府规模影响的基本方程，γ_1是我们所关注的系数。事实上，如果驱动假说成立，那么必须要率先同时满足如下的两个条件：第一，人口规模与地方政府规模之间显著负相关；第二，人口规模与贸易开放之间也显著负相关。

借鉴Ram（2009）的研究，基准模型将实际人均地区生产总值作为唯一的控制变量引入方程之中，这主要是基于如下三个方面的考虑：第一，根据瓦格纳定律（Wagner，1893），它会促使地方政府规模的扩大；第二，在一定程度上它是跨地区分析需要考虑的基本特征；第三，它可能会影响贸易开放程度。对于变量的具体设定，Rodrik（1998）将所有变量均设定为对数形式，而Alesina 和 Wacziarg（1998）只将部分变量设定为对数形式，考虑到变量设定的通常标准及参数经济含义的明晰性，也为了消除可能存在的异方差，本章将所有变量均设定为百分比和对数的形式。

上述是借鉴国外已有研究的基准计量模型设定，为了进一步检验估计结果的稳健性，从而尽可能地控制其他因素对地方政府规模的影响，减轻遗漏变量问题，我们还引入了其他的控制变量 X_{it}。选取其他控制变量时，我们参考Guillaumont和Hua（2004）、Ram（2009）、Wu和Lin（2012）、杨灿明和孙群力（2008）等相关文献的通常做法，选取了城镇化水平和财政分权程度这两个重要变量。其中，城镇化水平指标（记为urban）利用各省份年末城镇户籍人口占总人口的比重构造；财政分权程度使用两种度量方法，采用各省份人均财政支出占全国人均总财政支出的份额构造财政支出分权指标（记为FED），使用各省份人均地方财政收入占全国人均总财政收入的比重刻画财政收入分权指标（记为FRD）。

对于计量模型的估计，本章除了使用年度数据，还使用了所有变量的5年和10年平均数据。具体而言，我们将1978~2013年的数据划分为7个数据区间，依次是1978~1982年、1983~1987年、1988~1992年、1993~1997年、1998~2002年、2003~2007年、2008~2013年[①]；也将1978~2013年的数据拆分为4个数据区间，分别是1978~1987年、1988~1997年、1998~2007年、2008~2013年[②]。使用平均数据进行估计具有如下优势：第一，平均数据能将年度数据中可能出现的周期性波动平滑掉；第二，相对于年度数据，平均数据更能反映出缓慢的人口增长；第三，平均数据能够降低样本异常值和测量误差可能带来的潜在影响；第四，基于年度数据得到的变量间相互关系是短期影响，而基于不同时间维度平均数据得到的变量间相互关系是长期影响，后者目的在于检验前者所得结论的稳健性，以保证结论的可信度。

4.2.2　变量与数据说明

本章面板数据的时间长度是1978~2013年，横截面宽度是29个省份，受限制于数据的可获得性，样本中未包含重庆、西藏、香港、澳门和台湾。构造所有变量时，相关的原始样本数据均来源于《新中国六十年统计资料汇编》和《中国统

① 在国内外文献中，通常以 5 年为一个平均周期，本章采用这一处理方法，但出于尽可能充分使用数据考虑，最后一个时间区间为 2008~2013 年的样本数据。

② 为检验基于 5 年一个平均周期所得结论的稳健性，本章还增设了以 10 年为一个平均周期的情况，4 个数据区间中的最后一个数据区间为 2008~2013 年，不足 10 年，保留这一数据区间也是出于尽量充分利用数据的考虑。

计年鉴》(2010~2014年)。具体变量的定义和描述性统计见表4.1，由表中数据可知，贸易开放、人口规模和地方政府规模的均值分别为22.30%、802.15%和12.95%，标准差依次是32.71%、81.78%和4.61%。

表 4.1 变量定义和描述性统计

变量名称	变量含义	均值	标准差	计算方法
open	贸易开放	0.2230	0.3271	地区进出口总额/地区生产总值
gov	地方政府规模	0.1295	0.0461	地区政府消费/地区生产总值
size	人口规模	8.0215	0.8178	地区年末总人口对数值
gdp	人均地区生产总值	7.4665	1.2056	地区实际人均生产总值对数值
urban	城镇化水平	0.4199	0.2181	地区年末城镇户籍人口/总人口
FED	财政支出分权	0.8730	0.5579	地区人均地方财政支出/全国人均总财政支出
FRD	财政收入分权	0.7968	1.2684	地区人均地方财政收入/全国人均总财政收入

图4.1~图4.3刻画了中国贸易开放、人口规模与地方政府规模之间的两两直观关系。基于中国29个省份1978~2013年样本数据，图4.1描绘了人口规模与地方政府规模的散点图，图4.2绘制了人口规模与贸易开放的散点图，图4.3给出了贸易开放与地方政府规模的散点图。根据图4.1和图4.2能够发现，人口规模与地方政府规模之间似乎存在负相关关系，人口规模与贸易开放之间并未表现出明显的相关性，这是否意味着人口规模并未在贸易开放与地方政府规模的关系中起驱动作用？不过，这其中可能存在遗漏变量等问题，因此，上述关系可能并不具有稳健性。同样，根据图4.3可以看到，贸易开放与地方政府规模之间似乎表现出正相关关系，但我们也不能得出贸易开放可以扩大地方政府规模的结论，因为可能存在内生性等问题。

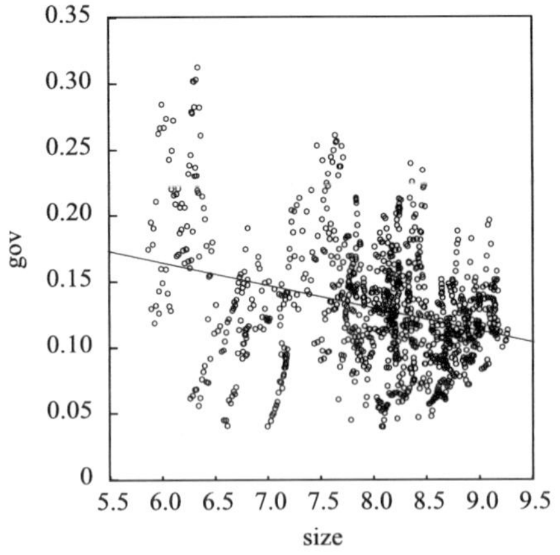

图 4.1 人口规模与地方政府规模

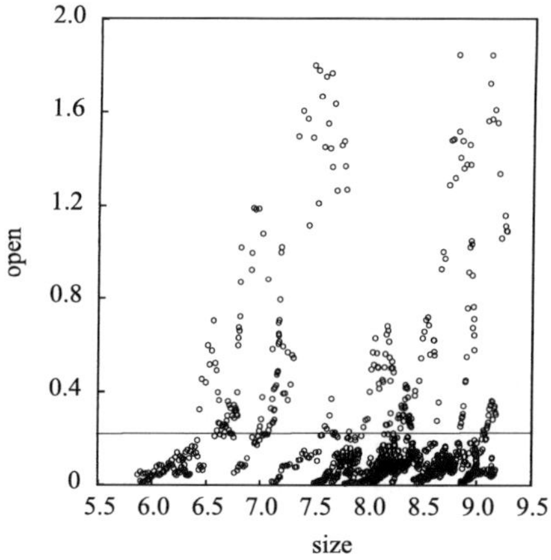

图 4.2　人口规模与贸易开放

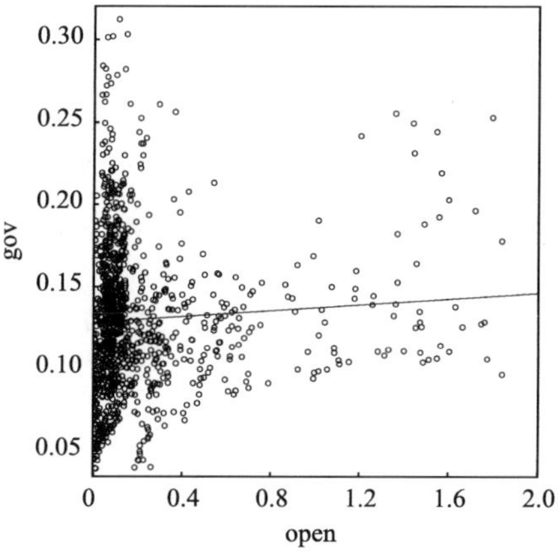

图 4.3　贸易开放与地方政府规模

4.3　贸易开放与地方政府规模：人口规模起驱动作用吗？

如前所述，我们在图4.1~图4.3中描绘了三个变量两两之间的散点图。根据图4.1和图4.2可看到，人口规模与地方政府规模之间似乎呈负相关，人口规模与贸易开放并未体现出明显的相关性，而图4.3显示，贸易开放与地方政府规模之间似乎呈正相关。这初步反映了贸易开放与中国地方政府规模之间的正相关性并不是由人口规模与贸易开放和地方政府规模之间各自的负相关性所驱动的。但图4.1~图4.3仅是粗略的相关性分析：一方面，由于没有考虑其他控制变量的作用，它们所描述的关系并不精准；另一方面，它们并不能给出贸易开放、人口规模与地方政府规模之间精确的数量关系，因此上述结论是否可靠依然需要我们做大量的实证检验。表4.2~表4.4报告了本章的基准回归结果。在采用各省份宏观总量数据的面板数据模型中，不能把样本视为一个大总体中的随机样本，因而FE模型比RE模型更加可信。对各模型分别进行实证估计时也发现，Hausman检验总能显著地拒绝RE更合适的原假设，因此应该选择FE模型。我们基于年度数据、5年平均数据和10年平均数据的多维度样本数据，采用OLS①及地区和时间双向FE多种回归估计方法分别对三个方程进行了初步的估计，具体的估计结果依次报告于表4.2~表 4.4。其中，表4.2和表4.3考察的是Alesina和Wacziarg（1998）的驱动假说，表 4.4则再次检验了Rodrik（1998）的补偿假说。

表 4.2　人口规模对地方政府规模的影响

解释变量	被解释变量：gov					
	OLS			FE		
	年度数据	5 年平均数据	10 年平均数据	年度数据	5 年平均数据	10 年平均数据
	（1）	（2）	（3）	（4）	（5）	（6）
常数项	0.2008***	0.1978***	0.2124***			
	（0.0150）	（0.0327）	（0.0413）			
size	−0.0177***	−0.0175***	−0.0190***	0.0453***	0.0479	0.0512
	（0.0016）	（0.0035）	（0.0045）	（0.0132）	（0.0295）	（0.0378）
gdp	0.0095***	0.0097***	0.0093***	−0.0303***	−0.0291**	−0.0333*
	（0.0011）	（0.0024）	（0.0029）	（0.0056）	（0.0124）	（0.0169）
Hausman 检验值				203.7404***	74.3094***	53.8696***
F	95.3111	20.3393	13.4502	35.8435	14.1240	7.8095
Adj-R^2	0.1550	0.1607	0.1780	0.7048	0.7005	0.6615
地区 FE	否	否	否	是	是	是
时间 FE	否	否	否	是	是	是
观察值	1042	203	116	1042	203	116

注：回归系数括号内为标准误；Hausman 检验的零假设是 FE 和 RE 估计系数无系统性差异

***、**和*分别表示在 1%、5%和 10%的水平上显著

表 4.3　人口规模对贸易开放的影响

解释变量	被解释变量：open					
	OLS			FE		
	年度数据	5 年平均数据	10 年平均数据	年度数据	5 年平均数据	10 年平均数据
	（1）	（2）	（3）	（4）	（5）	（6）
常数项	−0.8624***	−0.8964***	−0.7710***			
	（0.1011）	（0.2200）	（0.2907）			
size	−0.0016	−0.0021	−0.0078	1.6342***	1.7087***	1.5212***
	（0.0107）	（0.0230）	（0.0314）	（0.0792）	（0.1851）	（0.2366）
gdp	0.1466***	0.1524***	0.1392***	0.3808***	0.3952***	0.3201***
	（0.0072）	（0.0162）	（0.0205）	（0.0341）	（0.0777）	（0.1058）

① OLS 计算简单，往往被作为一种参照系，本章报告 OLS 估计结果旨在将 FE 模型的估计结果与其进行对照。

续表

解释变量	被解释变量：open					
	OLS			FE		
	年度数据	5 年平均数据	10 年平均数据	年度数据	5 年平均数据	10 年平均数据
	(1)	(2)	(3)	(4)	(5)	(6)
Hausman 检验值				263.7120***	74.3381***	60.0164***
F	206.5905	44.3128	23.0924	57.1143	20.4016	12.3163
Adj-R^2	0.2879	0.3022	0.2901	0.7808	0.7774	0.7646
地区 FE	否	否	否	是	是	是
时间 FE	否	否	否	是	是	是
观察值	1025	201	116	1025	201	116

注：回归系数括号内为标准误；Hausman 检验的零假设是 FE 和 RE 估计系数无系统性差异
***表示在 1%的水平上显著

表 4.4　贸易开放对地方政府规模的影响

解释变量	被解释变量：gov					
	OLS			FE		
	年度数据	5 年平均数据	10 年平均数据	年度数据	5 年平均数据	10 年平均数据
	(1)	(2)	(3)	(4)	(5)	(6)
常数项	0.0585***	0.0508**	0.0551**			
	(0.0099)	(0.0221)	(0.0270)			
open	–0.0106	–0.0146	–0.0120	0.0331***	0.0333***	0.0410***
	(0.0051)	(0.0114)	(0.0144)	(0.0045)	(0.0099)	(0.0138)
gdp	0.0099***	0.0110***	0.0103***	–0.0405***	–0.0413***	–0.0448***
	(0.0014)	(0.0031)	(0.0037)	(0.0054)	(0.0117)	(0.0154)
Hausman 检验值				22.6333***	20.5491***	19.5673***
F	27.6338	6.5980	4.1785	36.6628	14.6579	8.6613
Adj-R^2	0.0514	0.0530	0.0524	0.7135	0.7109	0.6873
地区 FE	否	否	否	是	是	是
时间 FE	否	否	否	是	是	是
观察值	1023	201	116	1023	201	116

注：回归系数括号内为标准误；Hausman 检验的零假设是 FE 和 RE 估计系数无系统性差异
***和**分别表示在 1%和 5%的水平上显著

4.3.1　基准回归结果

从表4.2和表4.3的OLS估计结果来看，人口规模与地方政府规模之间在1%的水平上显著负相关，这表明在平均意义上，人口规模对地方政府规模具有非常显著的负面影响。例如，地方政府部门提供的基础设施、道路、图书馆等公共物品都是非竞争性的，人口规模越大的省份，其政府支出越具有规模经济，公共物品的固定成本也就越低，进而使得政府规模越小，这与驱动假说预期方向一致；虽然人口规模与贸易开放之间也是负相关的，但两者的负相关性却无法通过10%水平上的显著性检验，两者之间无显著关系与驱动假说的预期并不一致。并且，上述特征无论是对于年度数据来讲，还是对于5年平均数据和10年平均数据而言都是成立的，结论的一致性非常突出。如前文所述，如果人口规模与地方政府规模之间显著负相关，与此同时，人口规模和贸易开放之间也显著负相关，那么驱动假说在中国则是成立的。可见，OLS估计结果只是局部意义上与驱动假说所预期的方向一致，因此，OLS估计结果并不支持驱动假说，也即是说，在贸易开放与中国地方政府规模之间的关系中，人口规模并没有起到关键的居间驱动作用。

表4.2和表4.3的FE估计结果也不支持驱动假说。FE估计结果显示，人口规模与地方政府规模及人口规模与贸易开放之间的负相关关系不复存在。如表4.2所示，人口规模与地方政府规模之间正相关，但只在基于年度数据的估计结果中通过了1%水平上的显著性检验，根据5年平均数据和10年平均数据的估计结果均不显著。在表4.3中，对于三种数据中任何一种数据来讲，人口规模与贸易开放都是正相关的，估计系数更大，且在1%的水平上通过显著性检验。虽然基于年度数据的FE估计结果可能会混淆地区哑变量和人口的作用，但这样的混淆不可能出现在基于5年平均数据或10年平均数据的FE估计结果中，因为对于5年或10年这样的时间区间，跨地区的人口变化是相当大的（Ram，2009）。

表4.4的OLS估计结果并不支持补偿假说，表现为贸易开放与地方政府规模之间负相关，但负相关关系在基于三类数据的估计结果中都不具有统计上的显著性。然而，FE估计结果为补偿假说提供了合理支持，体现于贸易开放对地方政府规模的影响在1%的水平上显著为正，并且这一特征普适于基于三种不同类型样本数据的所有估计结果，这表明贸易开放的确给中国各省份带来了更大的外部风险，需要政府部门通过提供更多的公共服务来补偿社会，进而导致了地方政府规模的不断膨胀。

表4.2、表4.3和表4.4显示：OLS的估计结果既不支持驱动假说，也不支持补偿假说。FE的估计结果不支持驱动假说，但却为补偿假说提供了有力的支持。FE模型的最重要优势表现为，它避免了由遗漏那些不随时间改变的个体层面变量所带来的偏误，这类非时变遗漏变量又被称为非观测性或者固定效应，而OLS模型难以控制不可观测的固定效应，容易掩盖住各个变量之间的真实关系，FE模型显然要比OLS模型设定得更加合理，自然其估计结果也更加可靠且更加有说服力，因此我们以FE模型的估计结果为准。也即是说，我们更加倾向于认可如下的结论：贸易开放与中国地方政府规模之间的正相关性恰如补偿假说所预期的，两者之间存在直接联系，即贸易开放直接推动了中国地方政府规模的不断膨胀。我们还发现，无论是人口规模与地方政府规模和贸易开放之间，还是贸易开放与地方政府

规模之间，来自OLS估计和FE估计的系数方向都是截然相反的。此外，作为唯一控制变量的实际人均地区生产总值的估计系数主要特征表现是，它始终稳健地对贸易开放具有正面的影响，但其对地方政府规模的影响系数符号却在OLS估计和FE估计中截然相反。对此可能的解释是，OLS估计结果中的系数符号背后反映的是无法观察到的各省份之间的明显异质性。

4.3.2　稳健性检验：调整控制变量

基准模型设定非常简单，因此，基于基准模型的估计结果对于两个假说的判断可能不够可靠。为此，我们对本章主要结论进行稳健性检验，采取从简单到复杂的回归策略，从最简单的基准模型开始，然后再逐步引入其他控制变量。为了检验人口规模分别影响地方政府规模和贸易开放的稳健性，表4.5列示了额外引入城镇化水平后基于年度数据、5年平均数据和10年平均数据的FE估计结果。不难发现，人口规模的估计系数依然全部都是正的，其对地方政府规模影响的统计显著性较低，其对贸易开放的影响均通过了1%水平上的显著性检验，这与表4.2和表4.3各自对应的FE估计结果所显示的特征几乎完全一致，因此驱动假说在中国省份层面上依然没有获得任何实证证据的支持。

表 4.5　人口规模对地方政府规模和贸易开放的影响：控制城镇化水平

解释变量	被解释变量：gov			被解释变量：open		
	FE	FE	FE	FE	FE	FE
	年度数据	5 年平均数据	10 年平均数据	年度数据	5 年平均数据	10 年平均数据
	(1)	(2)	(3)	(4)	(5)	(6)
size	0.0486***	0.0506*	0.0535	1.6566***	1.7332***	1.5403***
	(0.0133)	(0.0296)	(0.0381)	(0.0796)	(0.1856)	(0.2375)
gdp	−0.0288***	−0.0273**	−0.0314**	0.3948***	0.4116***	0.3360***
	(0.0057)	(0.0125)	(0.0172)	(0.0344)	(0.0785)	(0.1071)
urban	0.0150*	0.0178	0.0197	0.1395***	0.1513	0.1622
	(0.0080)	(0.0182)	(0.0269)	(0.0480)	(0.1137)	(0.1677)
Hausman 检验值	207.1016***	84.6946***	61.2700***	275.7529***	75.0991***	53.6550***
F	35.0422	13.7645	7.5528	56.2146	19.9914	11.9721
Adj-R^2	0.6857	0.7004	0.6596	0.7825	0.7784	0.7644
地区 FE	是	是	是	是	是	是
时间 FE	是	是	是	是	是	是
观察值	1031	203	116	1014	201	116

注：回归系数括号内为标准误；Hausman 检验的零假设是 FE 和 RE 估计系数无系统性差异

***、**和*分别表示在 1%、5%和 10%的水平上显著

针对贸易开放对地方政府规模影响的稳健性检验，基于年度数据、5年平均数据和10年平均数据的FE估计结果总结于表4.6，其中，除了单独控制城镇化水平之外，为了提供更强劲的稳健性检验，我们同时控制了人口规模。结果表明，贸易开放对地方政府规模的影响系数仍然皆为正，并且均在1%的水平上非常显著，这与表4.4对应的FE估计结果所体现的特征完全相同，因此，贸易开放直接导致了中国地方政府规模变动的结论是非常稳健的。

表 4.6　贸易开放对地方政府规模的影响：控制城镇化水平和人口规模

解释变量	被解释变量：gov					
	FE	FE	FE	FE	FE	FE
	年度数据	5 年平均数据	10 年平均数据	年度数据	5 年平均数据	10 年平均数据
	（1）	（2）	（3）	（4）	（5）	（6）
open	0.0330***	0.0331***	0.0407***	0.0347***	0.0354***	0.0438***
	（0.0045）	（0.0099）	（0.0139）	（0.0054）	（0.0124）	（0.0172）
gdp	−0.0400***	−0.0402***	−0.0437***	−0.0416***	−0.0421***	−0.0461***
	（0.0054）	（0.0118）	（0.0156）	（0.0061）	（0.0134）	（0.0176）
urban	0.0084	0.0130	0.0136***	0.0078	0.0123	0.0126
	（0.0079）	（0.0178）	（0.0258）	（0.0080）	（0.0180）	（0.0262）
size				−0.0088	−0.0114	−0.0139
				（0.0160）	（0.0363）	（0.0454）
Hausman 检验值	26.3128***	25.2342***	23.8451***	183.8186***	92.5563***	62.5215***
F	35.7260	14.2360	8.3409	35.1712	13.7872	8.0146
Adj-R^2	0.6939	0.7100	0.6846	0.6937	0.7084	0.6810
地区 FE	是	是	是	是	是	是
时间 FE	是	是	是	是	是	是
观察值	1012	201	116	1012	201	116

注：回归系数括号内为标准误；Hausman 检验的零假设是 FE 和 RE 估计系数无系统性差异

***表示在 1%的水平上显著

财政分权被一些学者认为是影响中国地方政府规模的一个至关重要的因素（Wu and Lin，2012）。为此，除了控制城镇化水平和人口规模之外，我们还额外引入了财政分权变量，以更充分地检验上述主要结论的稳健性。估计结果如表4.7所示，由表中可以看出，无论是利用财政支出分权还是财政收入分权来刻画财政分权，贸易开放都在1%的水平上高度显著地推动了地方政府规模的不断膨胀，因此，贸易开放对中国地方政府规模的逐渐膨胀具有直接推动作用的结论具有相当的稳健性。

表 4.7　贸易开放对地方政府规模的影响：控制城镇化水平、人口规模和财政分权

解释变量	被解释变量：gov					
	FE	FE	FE	FE	FE	FE
	年度数据	5 年平均数据	10 年平均数据	年度数据	5 年平均数据	10 年平均数据
	(1)	(2)	(3)	(4)	(5)	(6)
open	0.0390***	0.0409***	0.0513***	0.0373***	0.0392***	0.0525***
	(0.0058)	(0.0135)	(0.0190)	(0.0057)	(0.0138)	(0.0196)
gdp	−0.0454***	−0.0453***	−0.0513***	−0.0423***	−0.0426***	−0.0440***
	(0.0066)	(0.0147)	(0.0191)	(0.0062)	(0.0135)	(0.0177)
urban	0.0058	0.0094	0.0138	0.0083	0.0134	0.0195
	(0.0082)	(0.0186)	(0.0272)	(0.0082)	(0.0187)	(0.0272)
size	−0.0181	−0.0200	−0.0152	−0.0219	−0.0244	−0.0285
	(0.0163)	(0.0370)	(0.0459)	(0.0169)	(0.0381)	(0.0480)
FRD	0.0027**	0.0029	0.0042			
	(0.0013)	(0.0028)	(0.0043)			
FED				−0.0041	−0.0053	−0.0160
				(0.0045)	(0.0109)	(0.0170)
Hausman 检验值	148.1448***	60.0707***	38.4581***	165.3643***	83.2227***	63.1552***
F	34.7739	13.5112	7.6921	35.0436	13.5581	7.8053
Adj-R^2	0.6992	0.7134	0.6788	0.6975	0.7111	0.6805
地区 FE	是	是	是	是	是	是
时间 FE	是	是	是	是	是	是
观察值	989	197	115	1005	200	116

注：回归系数据号内为标准误；Hausman 检验的零假设是 FE 和 RE 估计系数无系统性差异

***和**分别表示在 1%和 5%的水平上显著

4.3.3　稳健性检验：基于省份时序数据

此外，对于式（4.1）~式（4.3），使用每个省份单独的时间序列数据进行OLS估计①以检验上述主要结论的稳健性也是非常有益的。表4.8汇总了29个省份中每一个省份基于36个观测值的估计结果所显示的定性特征。估计结果表明，对于人口规模影响贸易开放的方向，只有广东、海南和天津为负，其余26个省份皆为正；针对人口规模影响地方政府规模的方向，仅有甘肃和天津为负，其余27个省份均为正；而关于贸易开放对地方政府规模的影响方向，除了海南、河南、四川和云南之外，其余25个省份都是正的；人口规模对地方政府规模和贸易开放的影响平均值必然同时为正，贸易开放对地方政府规模的影响平均值也显然为正，这与表4.2~表4.4的结果特征是完全一致的，印证了上述主要结论的稳健性。这也表明，贸易开放与中国地方政府规模之间的直接正向关系，不仅是一种来自横截面维度

① 限于篇幅，每一个省份各自 3 个方程的具体 OLS 估计结果未报告，感兴趣的读者可直接向作者索取。

的关系，也同样存在于几乎每个省份的时间序列维度变化之中。

表 4.8 贸易开放、人口规模和地方政府规模：基于省份时序数据的估计汇总

项目	size 对 open 的影响		size 对 gov 的影响		open 对 gov 的影响	
	负	正	负	正	负	正
省份数量/个	3	26	2	27	4	25
省份明细	广东、海南、天津	其余省份	甘肃、天津	其余省份	海南、河南、四川、云南	其余省份

综上所述，补偿假说认为，贸易开放程度越高，政府规模会越大，以降低外部风险。驱动假说则认为，人口规模分别与政府规模和贸易开放的显著负相关驱动了Rodrik（1998）所发现的贸易开放和政府规模的正相关性。本章的研究结果表明，基于比OLS估计更加可信的省份面板数据FE模型的估计结果并不支持驱动假说。无论是基于年度数据，还是基于5年平均数据和10年平均数据，上述推断均成立。此外，不管是对于仅有单一控制变量的模型设定，还是对于逐渐引入多个控制变量的模型设定，上述推断依然成立。因此，中国各省份贸易开放对地方政府规模存在着直接的正向影响，两者之间的正相关性绝不是由人口规模与贸易开放和地方政府规模各自负相关所驱动的，并且该结论具有相当的稳健性。

4.4 贸易开放是地方政府规模变动的原因吗?

前文研究表明，贸易开放与中国地方政府规模之间显著的正相关性并非由两者各自与人口规模负相关所驱动。但贸易开放与地方政府规模的正相关并不必然反映的是从贸易开放到地方政府规模的因果关系，为了得到我们所预期的这一方向的因果关系，在已经排除了两者之间的关系是由与两者都相关的第三个变量驱动的这种可能性基础上，还需要排除两者之间可能存在的逆向因果关系。图4.3、表4.4、表4.6~表4.8的估计结果发现贸易开放与地方政府规模存在显著的正相关关系，那么这是否意味着贸易开放推动了地方政府规模的膨胀？这其中可能存在内生性问题或逆向因果关系。上述估计结果虽然控制了不可观察的固定效应，但却没有考虑逆向因果关系，即地方政府规模对贸易开放的反向影响，这会产生内生性问题。事实上，关于贸易开放与地方政府规模的联系并非只有前者影响后者的这一种可能，后者影响前者的可能也存在。Benarroch和Pandey（2008）发现，更大的地方政府规模倾向于降低贸易开放程度。针对这一结果的可能解释是，更大的政府通常意味着对市场的干预程度越大，这样的干预也可能会延伸到国外市场，导致地方政府规模越大的地区可能越倾向于贸易保护，即贸易开放程度越低，因此更高的贸易开放可能是结果，而不是原因。概言之，不仅省份贸易开放会影响地方政府规模，地方政府规模也可能反过来影响省份贸易开放，这意味着可能存在内生性问题。严重的内生性可能会造成OLS估计结果是有偏和非一致的。下面采用多种方法对内生性进行处理，以确认贸易开放与地方政府规模之间的因果关系。

4.4.1　滞后期工具变量法

本小节运用滞后期工具变量手段，即以内生解释变量的滞后一期值作为当期值的工具变量，这是基于时序数据和面板数据的研究中相当普遍的选取工具变量的一种方法。使用滞后一期的贸易开放作为贸易开放的工具变量可以避免其内生性。一方面，滞后一期的贸易开放与当期值具有较强的相关性，进而可以通过当期值对地方政府规模产生影响。另一方面，由于滞后一期的贸易开放已经发生，从当期的角度来看，其取值已经“前定”，可能与当期的扰动项不相关，因此，当期的地方政府规模对前一期的贸易开放没有影响。运用滞后期工具变量的2SLS估计结果[①]见表4.9。由此可见，贸易开放对地方政府规模依然存在显著的正向影响，这充分揭示了对于地方政府规模而言，贸易开放是影响其变动的一个重要原因。

表 4.9　因果关系检验一：滞后期工具变量法

变量	年度数据				5 年平均数据	10 年平均数据
	2SLS	2SLS	2SLS	2SLS	2SLS	2SLS
	(1)	(2)	(3)	(4)	(5)	(6)
open	0.0364***	0.0365***	0.0404***	0.0433***	0.0645**	0.0447*
	(0.0048)	(0.0048)	(0.0060)	(0.0064)	(0.0312)	(0.3087)
gdp	−0.0407***	−0.0405***	−0.0438***	−0.0443***	−0.0486***	−0.0459*
	(0.0056)	(0.0056)	(0.0064)	(0.0065)	(0.0179)	(0.0265)
urban		0.0057	0.0046	0.0057	0.0016	0.0120
		(0.0081)	(0.0082)	(0.0084)	(0.0214)	(0.0555)
size			−0.0180	−0.0311*	−0.0548	0.0083
			(0.0168)	(0.0178)	(0.0624)	(0.3642)
FED				−0.0051	−0.0084	−0.0135
				(0.0046)	(0.0148)	(0.0854)
F	35.1821	34.2520	33.7696	33.5186	9.5782	4.2457
Adj-R^2	0.6872	0.6868	0.6866	0.6894	0.6607	0.6159
地区 FE	是	是	是	是	是	是
时间 FE	是	是	是	是	是	是
观察值	995	984	984	978	172	87

注：回归系数括号内为标准误；Hausman 检验的零假设是 FE 和 RE 估计系数无系统性差异

***、**和*分别表示在 1%、5%和 10%的水平上显著

① 在控制变量中引入财政分权时，限于篇幅只报告了财政支出分权的估计结果，毕竟国内实证研究文献中财政分权度主要以财政支出分权程度来衡量（徐永胜和乔宝云，2012），当然，财政收入分权的结果也并无二致。表4.10~表4.12 同。

4.4.2 外部工具变量法

为了尽可能降低内生性问题通常造成的估计偏误，国内外文献惯用的改良之策是寻找一个与贸易开放密切相关同时又独立于地方政府规模的变量作为工具变量，采用2SLS进行估计。本章借鉴黄玖立和李坤望（2006）等文献通常的做法，选取国外市场接近度作为贸易开放的外部工具变量。各个省份行政中心到海岸线距离的倒数乘以100为国外市场接近度，进一步，沿海省份到海岸线距离为其内部距离，内陆省份到海岸线距离为其到最近沿海省份距离加上该沿海省份内部距离。本章选取国外市场接近度作为工具变量具有一定的合理性和可行性：第一，从与贸易开放的相关性角度来看，海运是外贸运输的主要形式，从节约运输成本的角度看，各省份越是接近海岸线就意味着越接近国外市场，因此与各省份的进出口密切相关（黄玖立和李坤望，2006）。第二，从外生性角度来看，国外市场接近度由地理因素决定，反映的是地理因素对贸易开放的影响，这显然是外生的（毛其淋和盛斌，2011）。值得注意的是，由于地理距离不随时间而变，因此我们用官方名义汇率对工具变量加以调整，即通过国外市场接近度与名义汇率的乘积来体现其动态特征，由中央决策者公布的官方名义汇率对于各省份来讲可视为外生的。其中1978~2013年的中国官方汇率数据源于PWT 8.1和2014年《中国统计年鉴》。我们发现，无论是对于只控制了人均地区生产总值的基准模型，还是对于逐渐引入更多控制变量的拓展模型，基于外部工具变量的2SLS估计结果（表4.10[①]）都非常稳健地表明，贸易开放始终对地方政府规模具有直接的正向影响，并且至少都在10%的水平上通过了显著性检验，这意味着贸易开放确实因果性地直接造成了地方政府规模的不断膨胀。

表 4.10 因果关系检验二：外部工具变量法

变量	年度数据				5 年平均数据	10 年平均数据
	2SLS	2SLS	2SLS	2SLS	2SLS	2SLS
	（1）	（2）	（3）	（4）	（5）	（6）
open	0.0306***	0.0296***	0.0296**	0.0295*	0.0370*	0.0480*
	（0.0105）	（0.0105）	（0.0129）	（0.0182）	（0.0499）	（0.0754）
gdp	−0.0401***	−0.0395***	−0.0396***	−0.0400***	−0.0420**	−0.0431*
	（0.0055）	（0.0056）	（0.0077）	（0.0080）	（0.0187）	（0.0233）
urban		0.0086	0.0085	0.0084	0.0133	0.0193
		（0.0080）	（0.0082）	（0.0082）	（0.0188）	（0.0275）
size			−0.0003	−0.0081	−0.0206	−0.0214
			（0.0251）	（0.0350）	（0.0921）	（0.1239）

① 限于篇幅，针对 5 年平均数据和 10 年平均数据的估计结果，只报告了控制变量最多的情形，其他备索。

续表

变量	年度数据				5 年平均数据	10 年平均数据
	2SLS	2SLS	2SLS	2SLS	2SLS	2SLS
	（1）	（2）	（3）	（4）	（5）	（6）
FED				–0.0021 （0.0064）	–0.0045 （0.0201）	–0.0141 （0.345）
F	34.2776	33.3774	33.3648	33.0664	12.7635	7.0158
Adj-R^2	0.6939	0.6937	0.6934	0.6969	0.7110	0.6803
地区 FE	是	是	是	是	是	是
时间 FE	是	是	是	是	是	是
观察值	1023	1012	1012	1005	200	116

注：回归系数括号内为标准误；Hausman 检验的零假设是 FE 和 RE 估计系数无系统性差异

***、**和*分别表示在 1%、5%和 10%的水平上显著

4.4.3　所有解释变量滞后一期

尽管从理论上来说，选择合适的工具变量可以有效解决内生性问题，但是，众所周知，寻找到一个完美的外部工具变量是极为困难的（李锴和齐绍洲，2011；田巍等，2013），换句话说，现实中几乎就没有完全合适的工具变量（韦倩等，2014）。Acemoglu等（2001）作为国际学术界工具变量选取的典范之一，其精心选择的“欧洲早期殖民者在各殖民地的死亡率”这一工具变量尚且遭受到了许多学者（Glaeser et al.，2004）的批评，更何况我们所选取的工具变量，即便再被广泛使用，也许仍然会有读者对我们构建的工具变量的有效性心存疑虑。为此，本章后续部分将不再费力抉择恰当工具变量，而是尝试寻找其他能够弱化逆向因果关系的计量检验方法（共计三种），进一步探究贸易开放与地方政府规模之间的因果关系。

考虑到当期的贸易开放对未来的地方政府规模可能具有滞后的影响，并且人均地区生产总值和城镇化水平等控制变量对地方政府规模的影响也可能存在明显的时滞性（Rodrik，1998；Alesina and Wacziarg，1998），借鉴国内文献通常采用的方法［如杨灿明和孙群力（2008）、梅冬州和龚六堂（2013）、毛捷等（2015）］，我们通过使用“考察滞后一期的所有解释变量对地方政府规模的影响”这一方法来控制反向因果关系对实证结果的干扰。具体的估计方程如下：

$$\text{gov}_{it} = \gamma_0 + \gamma_1 \text{open}_{i,t-1} + \gamma_2 X_{i,t-1} + \eta_i + \delta_t + \varepsilon_{it} \tag{4.4}$$

基于双向FE面板模型的估计结果见表4.11。不难发现，贸易开放显著地直接正向影响地方政府规模，显示了贸易开放为地方政府规模膨胀的重要原因这一结论的高度稳健性。

表 4.11 因果关系检验三：所有解释变量滞后一期

变量	年度数据				5 年平均数据	10 年平均数据
	FE	FE	FE	FE	FE	FE
	(1)	(2)	(3)	(4)	(5)	(6)
L.open	0.0351***	0.0352***	0.0375***	0.0396***	0.0357**	0.0338*
	(0.0046)	(0.0046)	(0.0056)	(0.0059)	(0.0178)	(0.0297)
L.gdp	−0.0388***	−0.0385***	−0.0406***	−0.0415***	−0.0431**	−0.0236
	(0.0056)	(0.0057)	(0.0064)	(0.0065)	(0.0190)	(0.0352)
L.urban		0.0106	0.0098	0.0099	0.0271	0.0796*
		(0.0082)	(0.0082)	(0.0084)	(0.0238)	(0.0424)
L.size			−0.0121	−0.0239	−0.0276	0.0458
			(0.0171)	(0.0181)	(0.0610)	(0.1030)
L.FED				−0.0031	0.0086	0.0018
				(0.0046)	(0.0125)	(0.0054)
Hausman 检验值	20.8619***	24.9939***	170.9987***	156.0626***	75.6505***	50.9368***
F	34.8861	34.3449	33.8137	33.5008	9.4769	4.1973
Adj-R^2	0.6857	0.6880	0.6878	0.6905	0.6546	0.5683
地区 FE	是	是	是	是	是	是
时间 FE	是	是	是	是	是	是
观察值	995	984	984	977	171	86

注：L.表示相应变量滞后一期；回归系数括号内为标准误；Hausman 检验的零假设是 FE 和 RE 估计系数无系统性差异

***、**和*分别表示在 1%、5%和 10%的水平上显著

4.4.4 所有解释变量取初始值

考虑到前文以当年地方政府规模为被解释变量的实证模型可能难以控制短期政府规模波动对长期政府规模增长的影响，我们用平均的地方政府规模作为被解释变量来消除短期政府规模波动的作用,进而捕捉造成地方政府规模膨胀的原因。本小节在已将1978~2013年数据划分为7个和4个数据区间的基础上，借鉴Barro（2000）的做法：被解释变量为每一个数据区间内各年地方政府规模的算术平均值，所有解释变量都使用各数据区间内的初始值。因为利用发生在之后的地方政府规模变量来解释之前的贸易开放、人均地区生产总值、城镇化水平、人口规模等经济因素缺乏逻辑，如此就能消除变量之间的逆向因果关系。估计方程为

$$\text{gov}_{it,t+T} = \gamma_0 + \gamma_1 \text{open}_{it} + \gamma_2 X_{it} + \eta_i + \delta_{t,t+T} + \varepsilon_{it,t+T} \quad (4.5)$$

式中，$\text{gov}_{it,t+T}$ 表示省份 i 在 t 到 $t+T$ 期的平均地方政府规模；open_{it} 和 X_{it} 分别表示每一个数据区间内初始的贸易开放、人均地区生产总值、城镇化水平、人口规模和财政分权。双向FE估计结果（表4.12）一致表明，贸易开放对地方政府规模的推动作用是因果性的。

表 4.12 因果关系检验四：所有解释变量取初始值

变量	被解释变量 5 年平均值，解释变量 5 年初始值				被解释变量 10 年平均值，解释变量 10 年初始值			
	FE	FE	FE	FE	FE	FE	FE	FE
	(1)	(2)	(3)	(4)	(5)	(6)	(7)	(8)
open	0.0338***	0.0338***	0.0380***	0.0417***	0.0412***	0.0409***	0.0538***	0.0595***
	(0.0096)	(0.0096)	(0.0125)	(0.0136)	(0.0126)	(0.0125)	(0.0164)	(0.0177)
gdp	−0.0366***	−0.0344***	−0.0376***	−0.0388***	−0.0315**	−0.0279**	−0.0360**	−0.0348**
	(0.0118)	(0.0120)	(0.0135)	(0.0137)	(0.0143)	(0.0144)	(0.0159)	(0.0163)
urban		0.0189	0.0176	0.0169		0.0323	0.0293	0.0315
		(0.0174)	(0.0176)	(0.0182)		(0.0225)	(0.0226)	(0.0234)
size			−0.0224	−0.0420			−0.0622	−0.0888
			(0.0428)	(0.0454)			(0.0513)	(0.0571)
FED				−0.0037				−0.0094
				(0.0098)				(0.0141)
Hausman 检验值	17.1528***	21.7138***	93.6110***	74.8956***	13.4616***	19.4481***	73.6103***	56.1725***
F	14.1702	13.7274	13.3124	13.0337	8.0275	7.9560	7.8171	7.6205
Adj-R^2	0.7065	0.7061	0.7048	0.7075	0.6743	0.6786	0.6805	0.6823
地区 FE	是	是	是	是	是	是	是	是
时间 FE	是	是	是	是	是	是	是	是
观察值	198	197	197	195	113	113	113	112

注：回归系数括号内为标准误；Hausman 检验的零假设是 FE 和 RE 估计系数无系统性差异

***和**分别表示在 1%和 5%的水平上显著

4.4.5 基于更长时序的虚拟变量法

本小节将样本的时间序列扩充为1952~2013年，利用中国1952~1978年计划经济时期进出口按照国家计划进行，构建虚拟变量模型，在控制了人均地区生产总值、城镇化水平、人口规模等因素的情况下，通过贸易保护与贸易开放两种完全相反环境的对比，进一步检验贸易开放对地方政府规模的影响，以充分说明贸易开放因素发挥的稳健性作用。中华人民共和国成立以来，根据贸易体制与贸易法规的变迁，能够将1952~2013年明确地拆分成三个阶段：1952~1978年，高度集中的外贸体制；1979~2000年，改革开放后的放权过渡、外贸承包经营责任制改革、市场经济下外贸体制建立；2001~2013年，以WTO规则为基础的全面改革和完善。基于以上的描述，我们设置如下两个虚拟变量：一是虚拟变量 dum1979 ——1978年12月召开的中共十一届三中全会，揭开了中国贸易开放的序幕，如今高度集中统一的外贸经济体制已经退出了历史舞台。所以，该虚拟变量1979~2000年取值为1，其余年份取值为0。二是虚拟变量 dum2001 ——自2001年中国加入WTO以后，主要围绕WTO规则和履行中国的承诺在多个方面进行改革，如调整不符合WTO规定的政策法规、加快外贸主体多元化步伐、将外经贸主管部门的职能从以行政领导为主转变为以服务为主。为此，该虚拟变量2001~2013年取值为1，其余年份取值为0。在设定虚拟变量的前提下，构造用于检验贸易开放对地方政府规模影响的计量模型如下：

$$\text{gov}_{it} = \gamma_0 + \gamma_1\text{dum1979} + \gamma_2\text{dum2001} + \gamma_3 Z_{it} + \eta_i + \varepsilon_{it} \tag{4.6}$$

式中，γ_1 度量1979~2000年贸易开放的作用；γ_2 度量2001~2013年贸易开放的作用；Z 表示控制变量向量。当样本起点为1952年时，受到数据可获得性的制约，能够使用的控制变量较少，仅能试图控制人均地区生产总值、城镇化水平、人口规模这三个影响地方政府规模的最重要变量。Hausman检验结果更加支持FE的面板模型，如表4.13所示的估计结果表明，虚拟变量的两个估计系数都在1%的水平上高度显著，并且其具体数值都明显大于0，这说明贸易开放的作用是显著的，相比过去的贸易保护而言，改革开放以来贸易开放程度的逐步提高是推动中国地方政府规模不断膨胀的一个直接原因。

表 4.13 因果关系检验五：基于更长时序的虚拟变量法

变量	年度数据				5 年平均数据	10 年平均数据
	FE	FE	FE	FE	FE	FE
	(1)	(2)	(3)	(4)	(5)	(6)
dum1979	0.0421***	0.0333***	0.0319***	0.0241***	0.0108***	0.0152***
	(0.0013)	(0.0024)	(0.0023)	(0.0024)	(0.0030)	(0.0037)
dum2001	0.0751***	0.0537***	0.0564***	0.0496***	0.0287***	0.0339***
	(0.0016)	(0.0045)	(0.0042)	(0.0042)	(0.0055)	(0.0058)
gdp		0.0065***	0.0018	–0.0045***	–0.0018	0.0090***
		(0.0013)	(0.0013)	(0.0014)	(0.0028)	(0.0027)
urban			0.0752***	0.0826***	0.0901***	0.0236*
			(0.0055)	(0.0053)	(0.0121)	(0.0140)
size				0.0402***	0.0471***	0.0017
				(0.0042)	(0.0094)	(0.0015)
Hausman 检验值	10.6053**	12.4631**	16.4977***	97.6053***	62.8016***	55.3050***
F	133.6562	128.9647	143.3571	151.1491	34.0550	13.5797
Adj-R^2	0.6986	0.6955	0.7523	0.7678	0.7860	0.6485
地区 FE	是	是	是	是	是	是
时间 FE	否	否	否	否	否	否
观察值	1718	1682	1454	1454	289	148

注：回归系数括号内为标准误；Hausman 检验的零假设是 FE 和 RE 估计系数无系统性差异

***、**和*分别表示在 1%、5%和 10%的水平上显著

4.5 进一步分析

已有国内研究文献均表明，贸易开放与中国地方政府规模之间是正相关的

（Guillaumont and Hua，2004；杨灿明和孙群力，2008；高凌云和毛日昇，2011；梅冬州和龚六堂，2013），但这一结果却遭到了两个方面的质疑：不仅质疑两者之间正相关性为人口规模居间驱动的假象，而且还质疑两者之间的因果方向。本章的贡献主要在于，从两个维度揭示和剖析了两者正相关性的背后是否蕴含了贸易开放对中国地方政府规模的直接因果性影响，进而为“一带一路”和自贸区建设的有序推进提供政策启示。在已有文献发现两者正相关基础上，本章所做工作的具体步骤是：首先，确定两者关系是否为直接影响；其次，确认两者关系的因果方向。本章研究的新发现有如下两点：第一，各省份贸易开放与地方政府规模之间的正相关性背后确切体现的是两者之间的直接影响，而不是由人口规模与贸易开放和地方政府规模各自负相关所居间驱动的假象，并且这一结论在不同的数据类型、模型设定下均具有相当的稳健性。第二，各省份贸易开放与地方政府规模的直接正向影响背后的实质是，各省份的贸易开放是因，地方政府规模是果，而且这一结论在差异化的估计方法、数据类型、模型设定下皆非常稳健。为此，贸易开放是中国各省份地方政府规模扩张的先导性指标，贸易开放程度的逐步提高因果性地导致了地方政府规模的持续扩张，也可以说地方政府规模的持续扩张是为减小贸易开放程度引致更大外部风险所必须要承担的代价。同时，贸易开放与地方政府规模之间相当稳健的直接因果性正向影响，不仅是一种来自省际横截面维度的关系，也同样存在于每个省份的时间序列维度变化之中，横截面维度意味着中国沿海省份的地方政府规模往往会大于内陆省份，时间序列维度则意味着随着经济全球化的不断深入，每个省份地方政府规模应该都会显现出不断扩张的态势。

上述研究结论具有非常重要的政策含义。中国改革开放之后，进出口总额显现出快速的增长态势，加入WTO之后，对外贸易开放更是有了实质性的有序进展和突破，贸易的自由化和扩大化对于中国经济创造高速增长奇迹发挥了至关重要的作用。此外，20世纪70年代末，“独生子女政策”的计划生育出台意味着中国实施了世界上最为严格的人口控制计划，而20世纪80年代出现了一次“婴儿潮”，使得20世纪80年代人口年增长率为1.48%。此后，人口继续增长，但增速有所放缓，年增长率从20世纪90年代的1.11%下降到21世纪初的0.57%。然而，由于中国人口基数过大，中国的年人口净增量达到700万人（彭希哲，2016），中国的人口发展总趋势是增长的。2016年全面二孩生育政策的实施必然将进一步推动人口的增长。那么，在经济日益全球化的背景下，地方政府应该扮演什么样的角色？伴随中国全面二孩生育政策的推进和落实，地方政府部门所扮演的上述角色需要进行调整吗？本章的研究结论对此给出了十分明确的答案。第一，贸易开放是中国地方政府规模扩张的一个直接原因，这说明Rodrik（1998）提出的补偿假说普适于中国省份层面，内在机理为：贸易开放程度越高的省份所面临的外部风险往往越大，进而需要更大规模的地方政府部门来提高社会保险支出。地方政府部门不仅要向地方公众提供公共物品和公共服务，而且还具有稳定地区宏观经济、克服全球化所带来的外部风险等功能，也即是说，财政政策的指向需要不断调整以不断适应贸易政策的变化。伴随“一带一路”和自贸区建设的有序推进，中国与全球经济的融合程度必将进一步加深，在这样的现实背景下，为了帮助中国公众更好地适应国际竞争的环境，适度提高地方政府在社会保障和社会福利等民生领域的支出规模可能将势在必行。第二，人口规模的变化并不会影响贸易开放对中国地方政府规模的正向影响，这就意味着尽管全面二孩生育政策的落实可能会进一步推进中国人口规模的增长，但贸易政策与财政政策的有机协调不必做出明显的调整，地方政府仍然需提高民生领域支出规模以抵御外部风险。

4.6 本章小结

20世纪70年代末改革开放以来，伴随着中国对外开放型经济水平的逐步提高，地方政府的规模也不断膨胀。贸易开放是否为直接推动中国地方政府规模变动的一个重要原因呢？我们认为，答案是肯定的。

本章使用中国29个省份1978~2013年的面板数据，系统地研究了贸易开放、人口规模和地方政府规模之间的联系和因果效应。基于不同的模型设定——面板模型与时序模型，不同类型的样本数据——年度数据、5年平均数据、10年平均数据，不同的估计方法——OLS、双向FE、2SLS，以及不同的内生性处理策略——滞后期工具变量、外部工具变量、所有解释变量滞后一期、所有解释变量取初始值、基于更长时序的虚拟变量法控制有关变量的内生性，得到了丰富而有意义的结论：第一，中国各省份贸易开放对地方政府规模的正向影响确实不是由人口规模起着关键的居间驱动作用所致的，而是非常稳健的直接联系。具体而言，无论是基于年度数据，还是5年和10年平均数据，也无论采用OLS估计方法，还是双向FE估计方法，各省份人口规模与贸易开放和地方政府规模之间始终不能同时都显著负相关，而贸易开放和地方政府规模之间关系在采用较OLS估计更可信的双向FE估计中却皆为显著正相关，并且贸易开放对地方政府规模的正向影响具有相当的稳健性，因此贸易开放、人口规模和中国地方政府规模之间的关系不支持驱动假说，支持补偿假说。第二，进一步的滞后工具变量、外部工具变量和虚拟变量等多种内生性处理方法的估计发现，贸易开放对中国地方政府规模的直接正向影响是因果性的。上述结果表明，贸易开放是直接推动地方政府规模膨胀的一个重要原因，人口规模并未在两者关系中起到关键的居间驱动作用。

相对于已有的研究，本章所做的工作主要存在如下的不同。在研究思路上，所有基于省级面板数据的实证研究皆没有关注贸易开放与中国地方政府规模之间的正相关，是否可能是人口规模这第三个变量所居间驱动的虚假关系，本章恰以此为切入点，首次确切剖析人口规模是否在贸易开放与中国地方政府规模关系中起着关键的驱动作用，以确认贸易开放与中国地方政府规模的关系是否为直接的联系，丰富和拓展了现有关于贸易开放与地方政府规模之间联系的研究。在研究手段上，已有针对贸易开放与中国地方政府规模之间因果关系的研究，均未进行严格的因果识别和论证，本章采用滞后期工具变量法、外部工具变量法、基于更长时序的虚拟变量法等多种手段，尽可能解决潜在的内生性问题，以最大程度降低两个变量之间的逆向因果关系，进而确定贸易开放是否为中国地方政府规模扩张的一个重要原因。在计量方法上，本章基于比已有研究更大和更多维度的年度数据、5年平均数据和10年平均数据，使用OLS、双向FE和2SLS多种估计方法获得模型参数，以检验贸易开放、人口规模和地方政府规模之间相互关系的稳健性和可靠性。

地方政府规模膨胀的可能原因有很多，如地方决策层内部的权力结构和利益分化（高楠和梁平汉，2015）、转移支付和市场扭曲（范子英和张军，2010a，2010b；吕冰洋，2014）等。但在中国的具体制度环境下，仅从上述研究视角对地方政府规模的变化进行解读是远远不够的，来自经济一体化视角的解释不可或缺。本章的研究表明，贸易开放给各省份、各类市场经济主体带来了更大的外部风险，促使地方政府要通过不断增加社会保障和社会福利等民生领域财政支出的方式来帮助它们更好地适应国际竞争，最终导致地方政府规模的持续膨胀。伴随“一带一路”和自贸区建设的有序推进，中国与全球经济的融合程度必将进一步加深，来自外部的风险也会逐渐加剧，为了防范和缓解外来风险对中国经济的冲击，以维持中国经济增长的持续性和稳定性，适度提高地方政府在民生领域的支出规模可能将势在必行。

第5章　经济波动、地方政府规模与中国经济增长

全球金融危机再次凸显了深入探讨经济波动与经济增长之间可能关系的重要性。已有大量国内外文献探讨了经济波动对经济增长的影响机制，但却很少有文献从经济波动影响政府规模的视角来研究经济增长。当类似全球金融危机这样的外部需求冲击造成中国经济波动幅度加剧时，一方面，公众会向政府部门寻求安全保护，尤其是会要求政府部门提供更加紧密的公共安全网（Rodrik，1998；Guillaumont and Hua，2004；杨灿明和孙群力，2008；高凌云和毛日昇，2011；梅冬州和龚六堂，2013；毛捷等，2015）；另一方面，经济波动加剧还会影响公众对自身就业部门的理性选择，使其更加偏好于政府部门的稳定工作而非波动性更大的私人部门工作（Jetter et al.，2013；尹志超和甘犁，2009；张义博，2012；钱先航等，2015）。自从2008年全球金融危机以来，在公共部门深化改革的现实背景下，中国长久存在的“国考热”现象直觉上可能会有所消退，但事实上却依然高温不降。根据中公教育的统计，2017年中央层级职位的平均竞争比接近60∶1，其中，中央党群机关职位的平均竞争比超过90∶1，省级职位竞争比为39∶1，市级职位竞争比为34∶1，县及以下职位竞争比最低，为29∶1[①]，这一定程度上表明经济波动幅度的加剧确实导致了包括大学生在内的中国公众更加倾向于选择比私人部门更加稳定的政府部门的工作。这就意味着经济波动幅度加剧可能引致了更大规模的政府部门。进一步地，这会导致更多的稀缺资源从生产性的私人部门撤出，转而流入政府部门，进而导致资源配置效率降低，不利于全要素生产率的提升，使得经济增长速度出现下滑（Barro and Lee，1994；Barro，2001；Afonso and Furceri，2010；Bergh and Henrekson，2011；王小鲁，2016）。除了经济波动对经济增长具有负向影响的上述理论机制之外，也有一些理论文献认为经济波动与经

---

① 《国考中央职位竞争远高于基层 最热岗已近 6500∶1》：http://www.xinhuanet.com//politics/2016-10/23/c_1119768723.htm，2016 年 10 月 23 日。

济增长之间存在着正向联系，具体的理论基础包括：预防性储蓄（Mirman，1971；Devereux and Smith，1994）、经济衰退期间进行研发的机会成本效应（Saint-Paul，1993；Aghion and Saint-Paul，1998）和创造性破坏（Aghion and Howitt，1992）。因此，在理论上，经济波动对经济增长净效应的符号是不确定的。

鉴于既有理论研究结果并未达成共识，从实证层面系统分析经济波动对经济增长的影响显得尤为重要。因为两者之间存在多种可能的作用机制，为此，在不同国家或地区、不同时期，经济波动对经济增长究竟呈现何种方向和多大程度的影响，答案绝非一目了然。国外学者针对两者之间关系的实证研究很多，但结论却迥异地表现为：或者负相关（Ramey G and Ramey V，1995；Martin and Rogers，2000；Acemoglu et al.，2003；Norrbin and Yigit，2005；Aghion et al.，2010；Wang and Wen，2011），或者正相关（Kormendi and Meguire，1985；Grier and Tullock，1989；Canton，2002；Oikawa，2010），甚至还可能不相关（Solow，1997；Dawson and Stephenson，1997；Speight，1999；Posch and Wälde，2011）。国内学者在这一领域的探讨还极为罕见，鲜见的研究所得结论也不尽一致。针对改革开放以来经济波动与中国经济增长之间的关系，有研究文献认为两者之间关系可能为负相关（卢二坡和曾五一，2008），但却没有系统剖析经济波动影响经济增长的作用机制；也有文献认为两者之间正相关，并认为人力资本形成过程方面的差异是影响两者之间关系的核心因素（陈昆亭等，2012），但却仅停留在理论层面的分析。地方政府规模这个著名并且可能是经济波动影响经济增长机制中更为根本的核心变量却被完全忽略。本章在这一方向上对既有文献进行拓展性的理论和实证两个维度的分析，通过揭示经济波动影响经济增长的一个潜藏的间接渠道，可以更好地洞悉经济波动对中国经济增长的多维效应。

同本章互为补充的一些研究是针对发达国家和发展中国家经济波动与经济增长关系的研究。与本章关联最紧密的是Jetter（2014）使用同时包括发达国家和发展中国家在内90个国家1961~2010年数据所做的实证研究，他发现就经济波动和经济增长之间关系的研究结论之所以存在如此巨大的分歧，是因为经济波动不仅对经济增长具有直接的正向影响，而且还会通过政府规模的保险机制对经济增长产生间接的负向影响。使用同样的实证研究方法，Jetter等（2013）在一项更早的研究中有相同的发现，他们利用20个OECD高收入国家623个年度数据集的研究表明，政府规模在工资波动与经济增长关系中起着关键的桥梁作用。

本章余下内容的结构安排如下：5.1节为模型分析，揭示经济波动、地方政府规模与经济增长之间联系的作用机理；5.2节在模型推理基础上，构建计量模型并说明实证方法、变量设计、内生性问题和数据来源；5.3节从省际宏观层面实证考察样本期间上述作用机理在中国的具体表现，对估计结果加以解释，进行稳健性检验；5.4节为本章小结。

5.1 理论模型

本章借鉴Jetter等（2013）的分析框架，考虑劳动力在政府部门和私人部门之间进行理性选择以生产公共物品和私人物品的过程，从理论上探讨经济波动影响经济增长的机制。该经济生产两种产品：公共物品和私人物品。劳动力面临两种异质波动性工作类型的离散选择：在私人部门工作，工资充满不确定性；在政府部门工作，获得无风险工资。为简化起见，将劳动力正规化为1。本章模型目标是内生地确定政府部门劳动力占全部劳动力的份额。首先，定义经济增长；其次，计算劳动力市场均衡；最后，分析工资波动如何影响劳动力市场均衡，进而影响经济增长。处理这些问题需要求解工资存在波动性情况下的预防性储蓄动态模型，为得到内部解，该模型需要满足如下假定：①劳动力为常数绝对风险规避型；②工资收入符合正态分布；③金融资产收益率为常数。采用这些假定可以更清楚地揭示短期波动影响长期增长的作用机制，并且这些假定并不会改变模型的主要结论。该机制将为后续的实证检验提供基础信息。

第一，生产与工资。假定在两种商品社会中，公共物品和私人物品的生产函数不同，公共物品的生产仅利用劳动力一种要素，私人物品则同时使用劳动力和资本两种要素进行生产。公共物品的生产函数为

$$Y_g = s^{\gamma} \tag{5.1}$$

式中，$0<\gamma<1$表示技术参数；Y_g表示政府部门的产出；s表示政府部门的劳动力数量，为简化起见，将劳动力正规化为1，为此，s也是政府劳动力占全部劳动力的份额。政府部门的工资为劳动力的边际产出：

$$w_g = \gamma s^{\gamma-1} \tag{5.2}$$

Y_p表示私人部门产出，A表示反映技术水平的常数，K表示资本存量，私人物品的生产按照AK技术进行：

$$Y_p = AK + b(1-s) \tag{5.3}$$

私人部门的工资w_p为b，并且遵循一个标准差为σ的布朗运动：

$$\mathrm{d}b = \sigma \mathrm{d}z \tag{5.4}$$

式中，z表示一个普通的维纳过程。

第二，经济增长。总产出为

$$Y = Y_g + Y_p \tag{5.5}$$

一旦劳动力市场出清，s将不再发生变化，意味着经济增长完全由资本决定。两部门的工人是同质的，且被赋予同样的初始财富水平$v_i(0)$，$i \in \{g,p\}$，圆括号内为时间概念。任意时点的总社会财富为$K(t) = sv_g(t) + (1-s)v_p(t)$。$c_i$为劳动力

的消费，资本折旧率为δ，资本的变动公式为

$$\frac{\mathrm{d}K}{\mathrm{d}t}=Y_p-\delta K-sc_g-(1-s)c_p \tag{5.6}$$

第三，劳动力的选择。常数绝对风险规避型的劳动力于第0期决定去哪一部门工作，且选择不可逆。为了对工作于每个部门的终生效用进行比较，劳动力需通过选择c_i最大化式（5.7）：

$$E\int_{t=0}^{\infty}-\frac{\mathrm{e}^{-\theta t-ac_i}}{a}\mathrm{d}t \tag{5.7}$$

约束条件为

$$\frac{\mathrm{d}v_i}{\mathrm{d}t}=rv_i+w_i-c_i \tag{5.8}$$

式中，θ表示时间偏好率；a表示绝对风险规避程度；r表示利率。劳动力能够以无风险利率进行借贷。为求解两部门的最优化问题，使用动态规划来分析不确定情况下连续时间动态模型。①

（1）在政府部门工作。在政府部门工作的劳动力只会面临财富v_g这一个状态变量。一旦一个劳动力选择在无风险的政府部门工作，对式（5.7）求解得到其最优的消费路径，即

$$c_g^*=\frac{\theta-r}{ar}+rv_g+w_g \tag{5.9}$$

式（5.9）显示了政府部门劳动力最优消费路径是财富和工资的线性函数，且包括一个由时间偏好率、资本收益率、风险规避程度共同决定的截距项。为了评估在政府部门工作的全部收益，需计算劳动力在初始时点的值函数：

$$J[v_g(0)]=-\frac{\mathrm{e}^{\frac{r-\theta}{r}-arv_g(0)-aw_g(0)}}{ar} \tag{5.10}$$

式（5.10）度量了追求最优储蓄路径的未来预期效用。

（2）在私人部门工作。相比于政府部门劳动力，私人部门劳动力还会额外面临随机工资w_p这一状态变量。通过求解标准的连续时间预防性储蓄模型，得到其最优的消费路径为

$$c_p^*=\frac{\theta-r}{ar}-\frac{a\sigma^2}{2r}+rv_p+w_p \tag{5.11}$$

私人部门劳动力的最优消费路径也是财富和工资的线性函数，且与政府部门劳动力的消费相等，但其截距项却与政府部门的有所不同：消费由于私人部门工

---

① 限于篇幅，正文中省略了针对两部门的 Bellman 方程及其结果和横截性条件的详细讨论，有兴趣的读者可向作者索要。

作的风险溢价（$\frac{a\sigma^2}{2r}$）而下降。因此，其他条件既定情况下，不确定性导致私人部门劳动力在任何时点都会储蓄更多。最后，在私人部门工作的预期终生收益可以表示为如下的值函数：

$$J[v_p(0), w_p(0)] = -\frac{e^{\frac{r-\theta}{r}+\frac{a^2\sigma^2}{2r}-arv_p(0)-aw_p(0)}}{ar} \tag{5.12}$$

显然，私人和政府部门工资差异实际上是在私人部门工作的风险溢价：$w_p = w_g + \frac{as^2}{2A}$。

第四，劳动力市场均衡。每个劳动力都会选择工作于预期终生效用最大的部门。事实上，劳动力会将其具有的劳动力配置于两个部门，直到值函数（5.10）和值函数（5.12）相等为止，进而我们可以确定当劳动力市场实现均衡时，政府部门劳动力占全部劳动力的份额为

$$s^* = \left(\frac{\gamma}{b(0) - \frac{as^2}{2A}}\right)^{\frac{1}{1-\gamma}} \tag{5.13}$$

式（5.13）显示，政府部门技术水平（γ）越高，政府规模（s^*）越大；私人部门初始工资[$b(0)$]越高，s^*越小。此外，风险对s^*的影响表现为：风险规避程度越高，越会导致更多劳动力选择更安全的政府部门；私人部门工资的波动性越大，选择政府部门工作的劳动力越多。因为$w_p = w_g + \frac{a\sigma^2}{2A}$，所以在式（5.2）既定情况下，式（5.13）分母必然为正。

第五，经济波动对经济增长的影响。在得到最优消费和劳动力市场均衡之后，进一步考虑经济波动如何影响经济增长。由式（5.5）和式（5.6）整理得到：

$$\frac{dY}{dt} = -\frac{\theta - A}{a} - s^* w_g A + (1 - s^*)(\frac{a\sigma^2}{2}) - \delta KA \tag{5.14}$$

将式（5.14）对σ^2求偏导数即可清楚揭示经济波动影响经济增长的作用机制：

$$\frac{\partial(\frac{dY}{dt})}{\partial\sigma^2} = (1 - s^*)\frac{a}{2} - \frac{\partial s^*}{\partial\sigma^2}(w_g A + \frac{a\sigma^2}{2}) \tag{5.15}$$

第一项为由私人部门劳动力消费较低所导致的正向直接效应，即私人部门工资波动性较大使得私人部门劳动力进行更多的预防性储蓄，从而促进了经济增长。第二项总结了劳动力市场结构变化所带来的两部分负向间接效应：①$(-\frac{\partial s^*}{\partial\sigma^2} w_g A)$是对那些偏好政府部门无风险工资胜于私人部门波动性工资的增量工人给予的补偿，即经济波动加剧会影响劳动力的就业选择偏好，使其更愿意

在较稳定的政府部门工作，导致政府部门劳动力占全部劳动力的份额上升，进而更多资源从生产性的私人部门转而进入到政府部门，资源配置效率下降，不利于全要素生产率的提升，最终损害经济增长；②因为这些新进入政府部门的增量工人现在获得无风险工资，所以不再有预防性储蓄的动机（ $-\frac{\partial s^*}{\partial \sigma^2}\frac{a\sigma^2}{2}$ ），即经济波动加剧导致政府部门劳动力占全部劳动力份额增加，除仍留在私人部门的劳动力预防性储蓄显著增加之外，政府部门劳动力几乎没有进行预防性储蓄的动机，这意味着整个社会中无预防性储蓄动机的人越来越多，而这是降低整个社会储蓄的一个力量，最终不利于经济增长。

综合上述理论模型分析，能够初步得到如下的判断：经济波动使得私人部门的工资波动性加剧，进而对经济增长产生了正向的直接影响和负向的间接影响。具体而言，一是经济波动造成公众进行更多的预防性储蓄，进而通过增加投资直接地正向促进经济增长。二是经济波动导致公众会向政府部门寻求安全保护，要求政府部门提供更紧密的公共安全网，同时还会影响公众对就业意愿部门的选择偏好，具体表现为更愿意选择工资更稳定的政府部门工作，而不是工资波动性更大的私人部门工作，这引致了更大规模的政府部门，进而导致更多的稀缺资源从生产性的私人部门撤出，使得资源配置效率下降，最终间接地造成经济增长率出现回落。那么，中国经济波动在何种方向上、何种程度上存在怎样的影响经济增长的机制呢？在下文中，本章将使用全国29个省份的面板数据进行实证分析。

5.2　研究设计与数据说明

为了检验经济波动对经济增长的影响，我们首先在一个单方程框架中估计经济增长，其中经济波动作为核心解释变量。本章经济增长模型中控制变量选择的是已有文献（Levine and Renelt，1992；Jetter，2014）中常用的影响经济增长的因素。考虑到每个省份的地理、历史、气候等方面的特殊性，在OLS回归分析的基础上，还控制了地区固定效应和省份特定的时间趋势项。为了处理潜在的反向因果关系问题，我们将经济增长的决定因素均滞后一期。此外，经检验发现地方政府规模为内生解释变量之后，我们进一步采用了3SLS对经济增长和地方政府规模进行联立估计。最后，除了比率和增长率两类变量之外，其他变量均为自然对数形式。

5.2.1　OLS 估计

我们现在着手确定样本期间内经济波动是否确实影响经济增长，以及是否能够发现如上面理论模型所述的两种渠道，尤其是以地方政府规模为桥梁的间接渠道。基于式（5.14），我们选择地方政府规模（gov）作为政府部门员工全部支出（s^*w_g）的代理变量，同时考虑到其他影响经济增长的因素，我们在如下单方程框架中估计i省份在t年的经济增长：

$$\mathrm{gr}_{it}=\alpha_1+\alpha_2\mathrm{vol}_{i,t-1}+\alpha_3\mathrm{gov}_{it}+\alpha_4\mathrm{gr}_{i,t-1}+\alpha_5X_{i,t-1}+\lambda_i+\eta_{it}+\delta_{it} \quad (5.16)$$

式中，$\mathrm{vol}_{i,t-1}$表示滞后一期的经济波动。gov_{it}和$\mathrm{gr}_{i,t-1}$表示地方政府消费占地区生产总值份额和滞后一期的经济增长率。根据本章的理论模型，我们将地方政府规模引入经济增长方程中，式（5.14）预期地方政府规模的扩张将不利于经济增长。$X_{i,t-1}$表示影响经济增长的多维控制变量，控制这一系列变量的目的在于减少遗漏变量造成的估计偏差，对控制变量的选择参考了已有文献Levine和Renelt（1992）及Mirestean和Tsangarides（2009）的做法，包括了投资（invs）、人均地区生产总值（ln rjgdp）、人口增长率（popgr）、人力资本（ln h）、贸易开放（open）。λ_i表示地区固定效应。η_{it}表示省份特定的时间趋势。δ_{it}表示随机扰动项。

理论分析表明经济波动对经济增长同时存在直接正面影响和间接负面影响。因此，我们使用OLS方法估计式（5.16）时，经济波动估计系数α_2的符号是无法预知的。根据理论模型，可以预期地方政府规模估计系数α_3的符号为负。如理论分析结论所预期，对式（5.16）进行单方程估计之后，需检验地方政府规模的内生性和判断是否适合进行联立估计。

5.2.2　3SLS 估计

估计了式（5.16）之后，DWH（Durbin-Wu-Hausman）检验结果证实了地方政府规模的内生性，说明经济增长和地方政府规模被同时决定。为此，我们采用3SLS对经济增长和地方政府规模进行联立估计，经济波动作为解释变量同时出现在两个方程中。地方政府规模回归形式如下：

$$\mathrm{gov}_{it}=\beta_1+\beta_2\mathrm{vol}_{i,t-1}+\beta_3\mathrm{gr}_{it}+\beta_4\mathrm{gov}_{i,t-1}+\beta_5Z_{i,t-1}+\lambda_i+\eta_{it}+\varepsilon_{it} \quad (5.17)$$

式中，$\mathrm{gov}_{i,t-1}$捕捉了以前年份地方政府规模的影响。对于控制变量$Z_{i,t-1}$的选取，我们参考Shelton（2007）的做法，包括了贸易开放（open）、人口规模（ln pop）、人均地区生产总值（ln rjgdp）。理由如下：贸易开放程度较高的省份面临更大的外部风险，更需要地方政府扮演缓解风险的角色，进而地方政府规模增加（Rodrik，1998；Guillaumont and Hua，2004；杨灿明和孙群力，2008；高凌云和毛日昇，2011；梅冬州和龚六堂，2013；毛捷等，2015）。一个省份人口规模越大，政府支出越具有规模经济，人均政府支出越小（Alesina and Spolaore，1997；Alesina and Wacziarg，1998）。根据瓦格纳定律（Wagner，1893），更富有的省份往往拥有更大规模的政府部门，为此我们使用经济增长率（$\mathrm{gr}_{i,t-1}$）和人均地区生产总值（ln rjgdp）来共同捕获其对地方政府规模的影响。此外，有学者发现城镇化率对中国地方政府规模具有正向推动作用（Jetter and Parmeter，2015；余华义，2015），因此我们也控制了城镇户籍人口占总人口的比重（urban）。与经济增长方程（5.16）一致，我们在地方政府规模方程（5.17）中也选择了滞后的解释变量，这不但能够改善估计结果的一致性，也可以缓解潜在的逆向因果关系问题，毕竟未来的地方政府规模不可能影响今天的各个解释变量。再者，遗漏变量会影响式（5.16）和式（5.17），进而使得两个方程的误差项趋于相关，因此我们使用将2SLS和似不相关回归相结合的3SLS进行联立估计。

5.2.3　经济波动的度量

本章的关键解释变量是一个省份的经济波动。有学者使用一个地区跨期经济增长率的标准差来测度经济波动（Ramey G and Ramey V，1995），但这种方法存在的问题是每个地区只有一个或者少数几个样本点。近些年，HP滤波和BK滤波已经成为宏观经济时序变量去除趋势的主流方法。正如Ravn和Uhlig（2002）所言，“在经济波动文献中，HP滤波已经成为一种去除趋势的标准方法”。为此，本章参照Mills（2000）及Afonso和Furceri（2010）的做法，使用HP滤波去除每个省份年度经济增长率的趋势。为了调整趋势部分的敏感性，沿袭已有文献（Backus and Kehoe，1992）的惯用做法，使用年度数据的分析应该选取 λ_{HP} 的基准值为100。我们是针对每个省份1978~2014年经济增长率进行滤波，所以每个省份的时序包含37个样本点，使用HP滤波所得的结果是每个省份的年度周期项。

在HP滤波的基础之上，本章还使用了其他一些能够测度经济波动的方法。首先，我们参考Ravn和Uhlig（2002）的建议，针对HP滤波中的 λ_{HP} 选取了另外一个不同的数值；其次，由于使用HP滤波去趋后的样本初始值和末端值往往精确性不是很高（Wastson，2007），为此我们去掉了全部样本的初始5年数据和最后5年数据以考察结论的稳健性；最后，本章还使用了另一种非常流行的BK滤波去趋方法来获取经济波动数据。

5.2.4　内生性讨论

事实上，几乎所有宏观经济变量都涉及内生性的问题，而内生性问题却只能在一定程度上得到处理（Jetter，2014）。所以，本章将不再费力去寻找所谓合适的工具变量，而是尝试通过其他途径来缓解潜在的内生性问题。本章所涉及内生性问题的主要形式是围绕经济波动、地方政府规模和经济增长之间的两两相互关系。不管是上述何种情形，皆会在某种程度上导致我们难以精准判断经济波动对经济增长的潜在影响。此外，由于影响被解释变量的因素通常是非常多的，受限于样本数据的可获得性，任何实证研究几乎都可能会遗漏有关变量而导致内生性问题。影响经济增长的因素很多，我们尽可能把更多的因素纳入考虑范围之内。为了进一步减少内生性问题的干扰，我们不仅使用多种其他设定来对主要结果再次进行估计，而且也基于GMM方法对主要结果进行了重新估计，以纠正参数估计的一致性问题。尽管我们不能通过上述设定和估计完全解决所有内生性问题，但这些额外的估计却让我们对主要结果的可靠性更加充满信心。

5.2.5 数据来源

受限于数据的可获得性，本章样本中未包含重庆、西藏、香港、澳门和台湾，29个省份1978~2014年样本所有变量的描述性统计如表5.1所示。所有原始数据均来自《新中国六十年统计资料汇编》、《中国统计年鉴》和各省份统计年鉴。平均而言，29个省份改革开放30多年以来的年均经济增长率几乎达到11%，最大值高达41.5%，最小值居然为–9.4%，表明尽管中国经济的总体增长率很高，但其在不同省份之间的差距却是非常大的。

表 5.1 变量定义和描述性统计

变量名称	变量含义	均值	标准差	计算方法
growth	经济增长	0.1064	0.0466	省份地区生产总值年度增长率
vol	经济波动	4.94×10^{-11}	0.0379	对数省份地区生产总值经 HP 滤波后残差项（$\lambda_{HP}=100$）
$vol_{\lambda_{HP}}$	经济波动	-5.82×10^{-16}	0.0216	对数省份地区生产总值经 HP 滤波后残差项（$\lambda_{HP}=6.25$）
vol_{BK}	经济波动	−0.0012	0.0212	对数省份地区生产总值经 BK 滤波后的残差项
gov	地方政府规模	0.1298	0.0460	省份政府消费/省份地区生产总值
invs	固定资产投资	0.3970	0.2023	省份全社会固定资产投资/省份地区生产总值
lnrjgdp	人均地区生产总值	7.4444	1.1223	省份实际人均地区生产总值的对数值
popgr	人口增长率	0.0115	0.0140	省份年末总人口对数值的一阶差分
lnpop	人口规模	8.0265	0.8164	省份年末总人口的对数值
open	贸易开放	0.2248	0.3269	省份进出口总额/省份地区生产总值
urban	城镇化率	0.4238	0.2174	省份年末城镇户籍人口/总人口
ln*h*	人力资本	2.0024	0.1826	省份人均受教育年限的对数值

5.3 实证结果及分析

5.3.1 基准回归结果

表5.2第（2）~（6）列展示了如式（5.16）所示经济增长模型逐渐加入不同解释变量之后的回归结果。模型（1）是最基本的计量模型，仅使用了滞后一期的经济波动和经济增长作为解释变量。考虑到每个省份的个体特征，模型（2）引入了地区固定效应，模型（3）进一步加入了省份时间趋势。借鉴Barro（2001）的

做法，模型（4）引入了地方政府规模作为控制变量。为了减弱遗漏变量问题，根据文献（Levine and Renelt，1992）中常用的影响经济增长的因素，模型（5）又控制了如下的重要解释变量：贸易开放、人均地区生产总值、人口增长率、人力资本、固定资产投资。

表 5.2　单方程估计结果

变量	OLS	FE	FE	FE	OLS
	模型（1）	模型（2）	模型（3）	模型（4）	模型（5）
L.vol	0.4713***	0.4950***	0.5077***	0.4980***	0.4538***
	（0.0325）	（0.0321）	（0.0317）	（0.0318）	（0.0361）
L.growth	0.1716***	0.1186***	0.0732***	0.0736***	0.1745***
	（0.0260）	（0.0264）	（0.0273）	（0.0274）	（0.0344）
gov				−0.0902**	−0.0667*
				（0.0390）	（0.0384）
L.open					0.0202***
					（0.0067）
L.lnrjgdp					−0.0385***
					（0.0098）
L.popgr					−0.1690***
					（0.0698）
L.ln*h*					−0.0018
					（0.0276）
L.invs					0.0503***
					（0.0105）
常数项	0.0907***	0.0963***	−1.1419***	−1.4723***	−7.0715***
	（0.0030）	（0.5822）	（0.5822）	（0.2628）	（2.0507）
R^2	0.2647	0.2636	0.2855	0.2905	0.4608
F	186.86***	180.79***	134.41***	103.07***	70.75***
地区 FE	否	是	是	是	是
时间趋势	否	否	是	是	是
DWH 检验				13.95**	20.13**
观察值	1041	1041	1041	1040	783

注：圆括号内数值为标准误差；L.表示变量滞后一期

***、**和*分别表示在 1%、5%和 10%的水平上显著

我们通过关键解释变量的估计系数发现了经济波动的重要性，它始终在1%的水平上显著地正向推动经济增长。同时，其他控制变量对经济增长影响的估计结果证实了已有文献的普遍观点。固定资产投资、贸易开放对经济增长具有显著的正面影响，然而，人均地区生产总值和人口增长率对经济增长具有显著的负面影响。至此，似乎可以得出经济波动显著地正向推动经济增长的结论，

但是通过细致观察可以发现，在控制了时间趋势和地区固定效应的情况下，只引入地方政府规模变量及同时引入其他控制变量，经济波动的系数会有所下降，这凸显了潜在的内生性问题。事实上，尽管我们在前文中说明了地方政府规模潜在的内生性问题，但是仍需要使用统计上的方法对其内生性进行检验。为此，我们采用了DWH检验。

一阶段回归方程如下：

$$\text{gov}_{it} = \beta_1 + \beta_2 \text{gov}_{i,t-1} + \beta_3 Z_{i,t-1} + \lambda_i + \eta_{it} + \varepsilon_{it} \quad (5.18)$$

式中，$\text{gov}_{i,t-1}$ 表示滞后一期的地方政府规模，将其作为地方政府规模的工具变量，控制变量与式（5.17）中的控制变量一致。二阶段回归方程如下：

$$\text{gr}_{it} = \alpha_1 + \alpha_2 \text{vol}_{i,t-1} + \alpha_3 \text{gov}_{it} + \alpha_4 \text{gr}_{i,t-1} + \alpha_5 X_{i,t-1} + \rho \hat{v}_{it} + \lambda_i + \eta_{it} + \delta_{it} \quad (5.19)$$

式中，$\hat{v}_{it}$ 表示一阶段回归的残差，控制变量与式（5.16）一致。对原假设“$H_0 : \rho = 0$”进行t检验，若拒绝原假设，说明地方政府规模存在内生性问题，否则该变量为外生。针对无任何控制变量的模型（4）和添加了控制变量的模型（5），DWH检验结果显示，对原假设的t检验p值依次为0.050和0.033，均在5%水平上显著地拒绝了原假设。我们有充足的理由认为作为经济增长模型中解释变量的地方政府规模是内生的。因此，表5.2的单方程估计结果是有问题的，采用3SLS对经济增长和地方政府规模进行联立估计是必要的。

表5.3给出了使用全部样本同时进行经济增长和地方政府规模的联立方程估计结果。在经济增长的方程中，其他控制变量的估计系数与表5.2的几乎完全一致。在地方政府规模的方程中，其他控制变量的估计系数与已有研究文献的通常结论也是相同的。实际人均地区生产总值始终稳健地对地方政府规模具有显著的负向抑制影响，因此瓦格纳定律（Wagner，1893）在中国并不适用，也即是说，更加富裕的省份并不必然伴随着更大规模的地方政府部门，这与很多已有研究（Guillaumont and Hua，2004；Wu and Lin，2012；胡兵等，2013；高楠和梁平汉，2015）的结论如出一辙。人口规模越大的省份，地方政府规模往往越小（Alesina and Spolaore，1997），如地方政府提供的道路、图书馆等公共物品和服务是非竞争性的，一个省份的人口规模越大，地方政府支出越具有规模经济，公共物品和服务的固定成本越低，进而导致地方政府规模越小。贸易开放程度越高的省份，地方政府的规模趋于越大（Rodrik，1998），这与已有研究结论完全相同（Guillaumont and Hua，2004；杨灿明和孙群力，2008；高凌云和毛日昇，2011；梅冬州和龚六堂，2013）。城镇化水平对地方政府规模会产生正向的影响，但却缺乏统计显著性，这一结论也和已有文献所得出的结论保持一致（杨灿明和孙群力，2008；高凌云和毛日昇，2011）。

表 5.3　联立方程的 3SLS 和 GMM 估计结果

变量	3SLS	3SLS	3SLS	3SLS	GMM
	模型（1）	模型（2）	模型（3）	模型（4）	模型（5）
被解释变量：growth					
L.vol	0.4742***	0.4728***	0.3630***	0.3698***	0.3545***
	（0.0320）	（0.0323）	（0.0326）	（0.0329）	（0.0329）
gov	−0.0921***	−0.0913***	−0.0654***	−0.0759***	−0.0764***
	（0.0290）	（0.0289）	（0.0291）	（0.0293）	（0.0256）
L.growth	0.1271***	0.1343***	0.2608***	0.2440***	
	（0.0271）	（0.0275）	（0.0328）	（0.0327）	
L.open			0.0191***	0.0215***	0.0184***
			（0.0042）	（0.0043）	（0.0042）
L.lnrjgdp			−0.0028	−0.0037	−0.0006
			（0.0032）	（0.0032）	（0.0030）
L.popgr			−0.2153***	−0.2040***	−0.2308***
			（0.0676）	（0.0656）	（0.0681）
L.ln*h*			−0.0031	−0.0055	0.0054
			（0.0117）	（0.0114）	（0.0120）
L.invs			0.0262***	0.0298***	0.0381***
			（0.0086）	（0.0085）	（0.0082）
常数项	−1.3617***	−1.3867***	−1.3736***	−1.5009***	0.0665***
	（0.2503）	（0.2518）	（0.5718）	（0.5729）	（0.0140）
R^2	0.2926	0.3003	0.4623	0.4617	0.4554
地区 FE	是	是	是	是	否
时间趋势	是	是	是	是	否
被解释变量：gov					
L.vol	0.1323***	0.1260***	0.0971***	0.1359***	0.0692***
	（0.0469）	（0.0496）	（0.0294）	（0.0332）	（0.0169）
growth	−0.2013***	−0.1914**	−0.1388***	−0.2183***	−0.0868***
	（0.0861）	（0.0901）	（0.0494）	（0.0570）	（0.0172）
L.gov	0.9327***	0.8985***	0.9301***	0.8849***	
	（0.0143）	（0.0162）	（0.0136）	（0.0171）	
L.open		0.0035*		0.0064***	0.0016
		（0.0023）		（0.0023）	（0.0018）
L.lnrjgdp		−0.0040***		−0.0052***	−0.0012*
		（0.0012）		（0.0015）	（0.0007）
L.lnpop		−0.0026***		−0.0024***	−0.0014**
		（0.0007）		（0.0008）	（0.0007）
L.urban		0.0039		0.0063**	0.0042
		（0.0026）		（0.0033）	（0.0033）
常数项	−0.1918	−0.9115***	−0.0597	−1.2112***	0.0391***
	（0.1784）	（0.2867）	（0.1951）	（0.3470）	（0.0079）
R^2	0.8925	0.8965	0.8827	0.8774	0.8870
地区 FE	是	是	是	是	否
时间趋势	是	是	是	是	否
观察值	1039	1012	783	772	772

注：圆括号内数值为标准误差

***、**和*分别表示在 1%、5%和 10%的水平上显著

表5.3的估计结果相比于表5.2对应的单方程估计结果存在明显的差异。除了经济波动依然显著正向影响经济增长之外，我们能够立即有的新发现是，经济波动对地方政府规模具有显著的正向影响，进而显著地负向影响经济增长。这意味着OLS估计实际上掩盖住了经济波动对经济增长的间接影响。一旦我们控制了内生性问题，经济波动确实如理论模型分析所预期的那样，会通过地方政府规模对经济增长产生间接的负面影响。仅就控制变量相对更完整的表5.2模型（5）和表5.3模型（4）而言，3SLS估计的标准误差明显低于对应的OLS估计结果，这说明3SLS估计的精确度有很大的改善，因此尽管经济波动对经济增长的间接影响值比其直接影响值更小，但是间接影响却明显改善了计量估计的统计精确性。同时，经济波动的系数在3SLS估计中的结果0.3698也低于对应OLS估计结果0.4538，这表明后者由于没有考虑到内生性问题而存在明显的高估。

在所有联立回归中，我们发现控制了一系列影响被解释变量的相关特征后，核心解释变量的符号均符合前文理论分析结论的预期。具体而言，在地方政府规模影响因素的估计中，控制了省份人口特征、经济规模、开放程度和城镇化水平等因素之后，作为核心解释变量的经济波动回归系数均在1%的水平上显著为正，说明经济波动确实造成了中国地方政府的规模越来越大。回归系数介于0.0971~0.1359，说明额外增加一个标准差的经济波动，中国地方政府规模将增加0.0971%~0.1359%，这是具有显著经济意义的。这证实了本章理论模型所预期的结论：经济波动加剧确实会增加公众对于政府部门工作和（或）公共物品的需求。确切地讲，经济波动会影响公众对于工作部门的选择偏好，使其更愿意选择较私人部门更稳定的政府部门的工作（Jetter et al.，2013；尹志超和甘犁，2009；张义博，2012；钱先航等，2015），也会促使公众向政府部门寻求更紧密的安全网以获取更好的保护（Rodrik，1998；Guillaumont and Hua，2004；杨灿明和孙群力，2008；高凌云和毛日昇，2011；梅冬州和龚六堂，2013），从而推动了中国地方政府规模的不断膨胀。在经济增长影响因素的估计中，控制了省份人口特征、经济发展特征和开放程度等因素之后，作为核心解释变量的地方政府规模和经济波动的回归系数依次显著为负和正，这表明两点：第一，地方政府规模的逐渐扩张确实抑制了中国经济增长。地方政府规模的回归系数介于–0.0654~–0.0921，意味着地方政府规模提高1%，中国经济增速将下降0.0654%~0.0921%。其经济意义是，地方政府规模的不断膨胀导致更多的稀缺资源从生产性的私人部门撤出（Barro and Lee，1994；Jetter，2014；申琳和马丹，2007），意味着行政管理成本上升，市场配置资源的功能受到抑制，进而资源配置效率下降（王小鲁等，2009；王小鲁，2016），不利于全要素生产率的提升，最终间接地抑制了中国的经济增长。中国2015年的政府工作报告首次提及了要重视提升全要素生产率，本章研究结果表明控制乃至降低地方政府规模将是一个重要的政策手段，这也充分说明全面落实中共十八届三中全会关于“使市场在资源配置中起决定性作用”[①]的决议，对于提升全要素生产率和保持中国经济运行在合理区间将会具有非常重要的现实意义。第二，经济波动的确直接促进了中国经济增长。经济波动的回归系数介于0.3630~0.4742，表明额外增加一个标准差的经济波动，经济增速将上升0.3630%~0.4742%。其经济意义为，如前文理论分析所预期，经济波动经由预防性储蓄的渠道推进了中国经济增长，说明经济波动正向影响中国经济增长的机制并非只有人力资本形成机制（陈昆亭等，2012），中国城乡居民自从改革开放以来理性地进行了更多的预防性储蓄（Meng，2003；Blanchard and Giavazzi，2006；Wei and Zhang，2011；Chamon et al.，2013；Chen et al.，2015；宋铮，1999；万广华等，2003；易行健等，2008），这也是经济波动正向影响中国经济增长的一个重要机制。总体来看，表5.3的结果表明，在控制了人口特征、开放程度等因素后，经济波动直接促进了中国经济增长，同时也通过提高地方政府规模而间接抑制了中国经济增长，并且这一促进作用和抑制作用均具有显著的统计和经济意义。

综上，前文估计结果的主要结论包括两个维度。一方面，定性维度的解释。OLS估计完全没有考虑到地方政府规模的内生性问题，将经济波动的直接影响和间接影响混合在一起，进而掩盖了经济波动对经济增长的真实影响。经济波动的直接影响和间接影响的方向恰相反，这稀释了经济波动对经济增长的总体效应。与其不同，考虑了内生性问题的3SLS估计则清晰揭示了经济波动影响经济增长存在两种完全不同的渠道，并且在统计和经济意义上均显著，不但会直接正向推动经济增长，而且还通过扩张地方政府的规模而间接地抑制经济增长速度。

另一方面，定量维度的解释。基于上述的实证估计结果，接下来可以针对经济波动对中国经济增长的总体影响进行定量层面的评估。根据表5.3中模型（4）的估计结果，经济波动对中国经济增长的净效应（net effect）是：0.0379×0.3698−0.0379×0.1359×0.0759=0.0136，这说明额外增加一个标准差的经济波动（0.0379）将会使得中国省际平均地区生产总值提高1.36个百分点。例如，中国2014年所有省份实际地区生产总值（1978年为基期）的平均值为4926亿元[②]，这意味着额外增加一个标准差的经济波动将导致省际平均地区生产总值增加67亿元。如果遗漏了间接影响，那么经济波动对经济增长的影响值为0.0172（=0.0379×0.4538），高于真实影响值0.0136，所以忽略了间接影响，则会将经济波动对经济增长的净效应错误地认为是0.0172，进而高估了经济波动对中国经济增长的净影响。

基于前文对式（5.16）和式（5.17）进行联立估计方法的讨论，为了进一步处理潜在的内生性问题，表5.3还报告了使用GMM方法的估计结果，得到的主要结

① 引自2013年11月16日《人民日报》第1版文章：《中共中央关于全面深化改革若干重大问题的决定》。
② 原始数据来源于《新中国六十年统计资料汇编》和《中国统计年鉴2015》，经作者计算得出。

论与基于3SLS的结论一致。如果我们没有考虑地方政府规模变化这一间接渠道，而是仅仅将经济增长对经济波动和其他常用控制变量进行回归分析，那么经济波动对经济增长的净效应可能会因内生性问题而出现严重的偏差。为此，当我们试图推断经济波动对经济增长是有益还是有害的最终结论时，需要格外的谨慎。本章研究表明经济波动对于中国经济增长来讲是至关重要的，那些致力于影响省级经济波动幅度以促进经济增长的政策措施，应该更充分地考虑到地方政府部门规模这一中间衔接因素，地方政府规模在经济波动与中国省际经济增长之间关系中起着非常关键的作用。

5.3.2 稳健性检验

为了检验上述主要结论的稳健性，本小节提供了几种其他模型设定，如调整时序变量去趋的方法、剔除极端观察值的潜在影响等。基于表5.3模型（4）的设定，表5.4给出了总共六种稳健性检验的估计结果。第一，为了检验上述主要估计结果是否由HP滤波的任何特定特征所驱动，我们还使用另一种通常使用的BK滤波方法来生成经济波动序列。表5.4第2列的估计结果显示，核心解释变量估计系数的符号、数量级和显著性水平与主要估计结果一致，表现出完全相同的模式：经济波动对经济增长不仅具有直接的正向影响，而且还存在间接的负面影响，在间接的负面影响机制当中，地方政府规模起到了关键的桥梁作用。

表 5.4 稳健性检验结果

变量	volbk	volhp6.25	1983~2009 年	排除 3 个直辖市	排除 5 个极端省份	排除 10 个极端省份
	3SLS	3SLS	3SLS	3SLS	3SLS	3SLS
	模型（1）	模型（2）	模型（3）	模型（4）	模型（5）	模型（6）
	被解释变量：growth					
L.vol	0.8854***	0.8303***	0.3877***	0.3832***	0.4191***	0.4343***
	（0.0565）	（0.0543）	（0.0349）	（0.0345）	（0.0355）	（0.0383）
gov	−0.0794***	−0.0631***	−0.1599***	−0.0464*	−0.0793***	−0.0755***
	（0.0293）	（0.0277）	（0.0353）	（0.0316）	（0.0285）	（0.0265）
L.growth	0.2738***	0.2808***	0.1927***	0.2263***	0.1677***	0.1452***
	（0.0288）	（0.0289）	（0.0348）	（0.0344）	（0.0356）	（0.0384）
L.open	0.0206***	0.0208***	0.0253***	0.0276***	0.0167***	0.0077
	（0.0041）	（0.0040）	（0.0047）	（0.0049）	（0.0060）	（0.0063）
L.lnrjgdp	−0.0042	−0.0032	−0.0047	−0.0015	−0.0052	−0.0048
	（0.0032）	（0.0031）	（0.0037）	（0.0040）	（0.0035）	（0.0037）
L.popgr	−0.2036***	−0.1849***	−0.1718***	−0.4602***	−0.1194**	−0.1224**
	（0.0650）	（0.0642）	（0.0716）	（0.1037）	（0.0617）	（0.0622）

续表

变量	volbk	volhp6.25	1983~2009 年	排除 3 个直辖市	排除 5 个极端省份	排除 10 个极端省份
	3SLS	3SLS	3SLS	3SLS	3SLS	3SLS
	模型（1）	模型（2）	模型（3）	模型（4）	模型（5）	模型（6）
被解释变量：growth						
L.ln$h$	−0.0005	−0.0063	−0.0119	0.0016	0.0050	0.0101
	（0.0115）	（0.0112）	（0.0126）	（0.0127）	（0.0109）	（0.0108）
L.invs	0.0344***	0.0263***	0.0577***	0.0251***	0.0243***	0.0206**
	（0.0093）	（0.0082）	（0.0125）	（0.0094）	（0.0085）	（0.0088）
常数项	−2.0058***	−1.5663***	−3.3614***	−0.6654	−2.3367***	−2.5377***
	（0.5531）	（0.5416）	（0.6424）	（0.8378）	（0.5779）	（0.5474）
R^2	0.5489	0.5197	0.5032	0.4701	0.4722	0.4999
地区 FE	是	是	是	是	是	是
时间趋势	是	是	是	是	是	是
被解释变量：gov						
L.vol	0.2072***	0.2045***	0.1364***	0.1151***	0.2150***	0.2357***
	（0.0604）	（0.0576）	（0.0359）	（0.0364）	（0.0593）	（0.0853）
growth	−0.1435***	−0.1539***	−0.2181***	−0.1812***	−0.3655***	−0.3721**
	（0.0477）	（0.0475）	（0.0613）	（0.0632）	（0.1078）	（0.1599）
L.gov	0.8846***	0.8917***	0.8562***	0.8855***	0.8714***	0.8736***
	（0.0176）	（0.0166）	（0.0208）	（0.0178）	（0.0202）	（0.0253）
L.open	0.0037*	0.0054***	0.0051*	0.0040*	0.0099***	0.0083**
	（0.0023）	（0.0022）	（0.0027）	（0.0029）	（0.0035）	（0.0040）
L.lnrjgdp	−0.0047***	−0.0049***	−0.0050***	−0.0044**	−0.0068***	−0.0061***
	（0.0016）	（0.0015）	（0.0017）	（0.0019）	（0.0019）	（0.0022）
L.lnpop	−0.0028***	−0.0024***	−0.0030***	−0.0022***	−0.0026***	−0.0031***
	（0.0008）	（0.0008）	（0.0009）	（0.0008）	（0.0009）	（0.0012）
L.urban	0.0071**	0.0065**	0.0072**	0.0063*	0.0066*	0.0039
	（0.0034）	（0.0034）	（0.0036）	（0.0035）	（0.0040）	（0.0051）
常数项	−1.1783***	−1.0225***	−1.8416***	−0.9294**	−2.0840***	−2.0970***
	（0.3617）	（0.3323）	（0.4600）	（0.4139）	（0.5076）	（0.6800）
R^2	0.8836	0.8854	0.8652	0.8749	0.8587	0.8729
地区 FE	是	是	是	是	是	是
时间趋势	是	是	是	是	是	是
观察值	714	772	627	691	638	504

注：圆括号内数值为标准误差

***、**和*分别表示在 1%、5%和 10%的水平上显著

第二，对于年度数据，HP滤波中参数 $\lambda_{HP}=100$ 这一基准值被广泛使用，但这却遭到计量经济学文献的批评，作为很有影响力的文献，Ravn和Uhlig（2002）认为应该取其值为6.25。表5.4第3列给出了使用6.25进行HP滤波后上述主要回归的

估计结果。结果证实了之前的结论，经济波动对经济增长同时存在直接和间接的影响，并且影响方向恰相反。

第三，针对HP滤波的另一种普遍批评是，采用HP滤波进行去趋时，由于过去和未来参考点的丢失，去除趋势后的样本初始值和末端值往往会降低精确性。因此，我们通过去掉全体样本的初始5年和最后5年的数据来进行稳健性检验，也即是说，每个省份的经济波动仍然是使用37年的样本数据得到，但却仅仅使用位于中间的27年数据进行估计，表5.4第4列展示了具体的估计结果。我们发现，与表5.3模型（4）的估计结果相比，经济波动和地方政府规模的估计系数显著性均没有发生变化，仍然在1%水平上高度显著，只是估计系数的数值略微有所变动。因此，经济波动对中国经济增长的影响，既包括了直接的正向影响，也包括了通过地方政府规模变动而产生的负向间接影响，这一主要结论具有相当的稳健性。

第四，去掉直辖市的样本回归结果。北京、上海和天津3个直辖市与一般省份具有很多不同的特征，为了验证前文的结果即在去掉直辖市后是否保持稳健，我们剔除掉3个直辖市数据，并重新估计了经济波动对经济增长的影响，结果见表5.4。主要结果在去掉直辖市之后没有明显变化，因此经济波动通过直接和间接渠道影响中国经济增长的结论依然稳健成立。

第五，删除极端观测值[①]（outliers）后再进行回归也往往被作为一种稳健性检验，这也是多数文献中常用的做法。那些经济增长速度较快的省份的样本数据通常会表现出一定的特殊性，鉴于此，我们考虑将其作为极端观测值来处理。福建、广东、浙江、江苏、内蒙古这5个省份是从1978年至2014年的平均经济增长率排名前五强的地区，表5.4报告了排除掉这5个省份样本数据之后的估计结果，以验证上述结论的稳健性。此外，我们还剔除了改革开放以来平均经济增长率排位前10名的省份进一步进行稳健性检验，即除了上述5个经济增速最快的省份之外，还进一步包括了山东、天津、海南、河南和湖北5个省份。在这10个省份中，福建省的平均经济增长率最高，为13%，经济增长率最低的是湖北省，但也高达11%。我们发现估计结果依然都保持不变，因此，删除极端观测值之后的估计得到了与前面一致的结果，进而再次证明了之前所得结论的稳健性。

综上所述，相比于简单的单方程估计结果而言，我们同时对经济增长和地方政府规模方程进行联立估计的结果，使得经济波动所扮演的角色发生了颠覆性的改变。确切地说，一旦对地方政府规模的内生性问题进行了处理之后，经济波动不仅会对中国经济增长起到直接的正向推动作用，并且还会通过扩张地方政府部门的规模而对经济增长产生间接的负面抑制性影响。长期以来，各界人士都已经

① 如果样本数据中的少数观测值离大多数观测值很远，它们可能会对 3SLS 的回归系数产生很大影响，这些数据被称为极端观测值。

认识到，经济增长有利于切实提升中国居民的福祉水平，为此中国经济的可持续增长也已成为公众、学界和政界所共同追求的目标。然而，中国经济增长近年来步入下行通道。为了保持中国经济持续运行在合理区间，需要通过适当的政策手段削弱经济波动间接抑制经济增长的那一部分，而这又取决于我们能否成功地遏制甚至扭转各省份地方政府规模不断膨胀的强烈势头。未来能否有效地弱化公众对政府部门工作的偏好，将对地方政府规模的走向起关键作用。

5.4　本章小结

经济波动通过影响劳动力市场的就业部门结构而引致地方政府规模的膨胀，进而间接造成了经济增速换挡，这是经济波动影响经济增长的一个被遗忘的重要机制。本章将公众在工资波动性完全不同的政府和私人部门之间的最优选择嵌入经济增长模型，以崭新的视角重新审视了经济波动与中国经济增长之间的关系，发现经济波动不但会直接地正向促进经济增长，还会间接地负向作用于经济增长，前者源自公众的预防性储蓄动机，后者则源于地方政府规模的膨胀。既有理论文献研究表明，经济波动对中国经济增长的正向影响可能是通过人力资本形成的机制而实现的，但本章研究内容的贡献主要在于从理论和实证两个维度，揭示和剖析了经济波动对中国经济增长的负向影响机制——地方政府规模所起到的桥梁作用。在经济发生波动的情况下，公众对工作部门的选择意愿将会受到影响，更加偏好于在稳定性较私人部门更高的政府部门工作，并且地方政府部门需要扮演提供保险的角色以帮助市场经济主体抵御外部的风险，进而引致了地方政府规模的不断膨胀，使得更多的资源从生产性的私人部门撤出，资源配置效率出现下降，不利于全要素生产率的提升，最终造成中国经济增长速度出现回落。本章的研究结果显示，对于中国经济增长而言，经济波动的重要性在过去由于忽视了地方政府规模这一个间接渠道而被严重低估。

本章在现有文献的基础上主要做了如下四个方面的工作：第一，将个体的工作选择引入经济增长模型，阐明工资波动性在个体决策中扮演的角色，清晰地刻画了经济波动、地方政府规模与经济增长之间的作用机制。理论分析表明，经济波动使得私人部门的工资波动性加剧，进而通过两种不同的作用机制影响经济增长。正向直接作用机制是，经济波动幅度加剧造成公众进行更多的预防性储蓄，进而直接正向促进经济增长。负向间接作用机制是，经济波动不仅导致公众要求政府部门提供更紧密的公共安全网，而且还会影响公众对就业部门的选择，导致其更偏好选择稳定性更高的政府部门的工作，导致了政府规模的扩张，并导致更多的稀缺资源从生产性的私人部门撤出，最终间接地造成了经济增长率出现下滑。

第二，采用3SLS对经济波动影响地方政府规模及地方政府规模影响经济增长进行了联立估计。经济波动不仅对经济增长具有正面的直接影响，并且还通过影响政府规模对经济增长产生间接的负面影响，由于作用方向相反的这两种机制同时存在，因此，在一个标准的单方程框架中估计经济增长可能会产生错误的研究结论。分析结果显示，对经济增长和地方政府规模方程进行联立估计确实优于简单的单方程估计。单方程的OLS估计忽略了地方政府规模可能存在的内生性问题，无法深入挖掘经济波动影响经济增长的不同作用机制，进而掩盖了经济波动对经济增长的实际影响效应。联立方程的3SLS估计则可以对地方政府规模的内生性问题进行处理，进而发现经济波动不仅会对经济增长起到直接的正向推动作用，还会通过影响地方政府部门规模而对经济增长产生间接的负面抑制性影响。

第三，从多维视角检验了经济波动、地方政府规模与经济增长之间作用机制的稳健性。本章的核心作用机制与已有研究文献之间存在着明显的差别，因此，为了验证本章主要结论的稳健性，我们进行了如下多个维度的拓展性分析：采用不同的滤波方法、去掉样本集的初始值和最终值、删除极端观测值等。全部分析结果一致表明，所有的稳健性检验都不会改变经济波动对经济增长既存在直接的正向影响又具有通过增加地方政府规模而带来间接负面影响的核心结论。

第四，从经济波动影响地方政府规模的视角深入考察中国的经济增长，丰富和拓展了有关经济波动与经济增长之间关系的研究，也提供了研究中国经济增长的新角度。应对全球金融危机的不利影响，中国政府出台了应对金融危机的一揽子计划，但宏观经济运行却进入了"新常态"，这为研究经济波动与经济增长之间的关系提供了极好的现实素材。同时，现有文献对于经济波动与中国经济增长之间关系的解读已经提供了人力资本形成过程等方面的个别角度，但从经济波动影响地方政府规模的角度入手研究的文献极度匮乏。本章通过使用丰富的省际面板数据，将经济波动、地方政府规模和经济增长相联系，为理解经济波动对经济增长的影响提供了地区层面的经验证据，发现了经济波动增加地方政府规模的间接作用机制，这对于理解经济波动对经济增长的影响效应至关重要，加深了我们对经济波动对中国省份经济长期层面所造成的影响的理解，丰富了有关经济波动和经济增长之间相互关系的研究，也为分析中国经济增长动力机制提供了新的视角。

本章的研究结论对于中国经济实践具有一定的启发意义。中国已经步入经济发展的"新常态"，亟须推动结构转型升级和增长方式转变，以避免落入"中等收入陷阱"。本章确认了经济波动通过增加地方政府规模而间接造成经济增速回落，为政策制定者在"新常态"的环境下保持中国经济持续运行在合理区间提供了现实依据。在当前背景下，控制地方政府规模的空间依然存在，2014年省级政府规模占地区生产总值份额的平均值高达13.98%，通过控制地方政府规模刺激当前中国经济是紧迫且可行的。本章的分析表明，公众对政府部门工作偏好的增强导致了政府部门劳动力占全部劳动力份额的上升，进而造成地方政府规模不断膨胀。

因此，弱化公众对政府部门工作的偏好，进行就业部门结构的转变，是控制地方政府规模的有效工具，也是推进供给侧结构性改革的关键抓手。从政策操作层面来讲，我们可以从“拉”和“推”两个方面着手。其一，将公众“拉”入私人部门。给予创新创业者尤其是大学生创业者更多的政策优惠，为其培育出健康、宽松的创业环境，激励“大众创业、万众创新”，公众创新创业意愿的加强会直接强化公众对私人部门工作的偏好，进而有效控制地方政府规模，改善资源配置效率，提高全要素生产率。其二，将公众“推”出政府部门。加快行政体制改革步伐，渐进取消编制身份管理的“铁饭碗”制度，消除编制身份对那些既有能力又有创新精神的人才自由流动的束缚，提升劳动力市场的灵活性，促进人力资本的优化配置，进而更好地发挥人才的创新潜力，最终完成从投资驱动型增长向创新驱动型增长的转变。

参考文献

艾春荣，汪伟. 2008. 习惯偏好下的中国居民消费的过度敏感性——基于1995~2005年省际动态面板数据的分析. 数量经济技术经济研究，（11）：98-114.

白重恩. 2016. 对新二元经济的思考. 经济研究参考，（13）：13-15.

白重恩，杜颖娟，陶志刚，等. 2004. 地方保护主义及产业地区集中度的决定因素和变动趋势. 经济研究，（4）：29-40.

陈昆亭，周炎，龚六堂. 2012. 短期经济波动如何影响长期增长趋势？. 经济研究，（1）：42-53，79.

陈敏，桂琦寒，陆铭，等. 2007. 中国经济增长如何持续发挥规模效应？——经济开放与国内商品市场分割的实证研究. 经济学（季刊），7（1）：125-150.

陈勇兵，李伟，钱学锋. 2011. 中国进口种类增长的福利效应估算. 世界经济，（12）：76-95.

陈钊，陆铭，金煜. 2004. 中国人力资本和教育发展的区域差异：对于面板数据的估算. 世界经济，（12）：25-31，77.

樊福卓. 2007. 地区专业化的度量. 经济研究，（9）：71-83.

范子英，张军. 2010a. 财政分权、转移支付与国内市场整合. 经济研究，（3）：53-64.

范子英，张军. 2010b. 粘纸效应：对地方政府规模膨胀的一种解释. 中国工业经济，（12）：5-15.

方红生，李琪. 2010. 贸易开放对产出波动的影响：来自我国省级层面的经验证据. 国际贸易问题，（2）：15-18.

高凌云，毛日昇. 2011. 贸易开放、引致性就业调整与我国地方政府实际支出规模变动. 经济研究，（1）：42-56.

高楠，梁平汉. 2015. 为什么政府机构越来越膨胀？——部门利益分化的视角. 经济研究，（9）：30-43.

公丕萍，宋周莺，刘卫东. 2015. 中国与“一带一路”沿线国家贸易的商品格局. 地理科学进展，（5）：571-580.

桂琦寒，陈敏，陆铭，等. 2006. 中国国内商品市场趋于分割还是整合：基于相对价格法的分析. 世界经济，（2）：20-30.

郭长林. 2016. 积极财政政策、金融市场扭曲与居民消费. 世界经济，（10）：28-52.

郭庆旺，贾俊雪. 2004. 中国经济波动的解释：投资冲击与全要素生产率冲击. 管理世界，(7)：22-28.

韩永辉，罗晓斐，邹建华. 2015. 中国与西亚地区贸易合作的竞争性和互补性研究——以“一带一路”战略为背景. 世界经济研究，(3)：89-98，129.

杭斌. 2001. 流动性约束、不确定性与消费过度敏感. 数量经济技术经济研究，(12)：57-59.

杭斌，申春兰. 2004. 经济转型期中国城镇居民消费敏感度的变参数分析. 数量经济技术经济研究，(9)：24-28.

洪占卿，郭峰. 2012. 国际贸易水平、省际贸易潜力和经济波动. 世界经济，(10)：44-65.

胡兵，陈少林，乔晶. 2013. 贸易开放对地方政府支出规模影响的实证研究. 国际贸易问题，(8)：38-50.

胡书东. 2010. 中国经济现代化透视：经验与未来. 上海：格致出版社，上海三联书店，上海人民出版社.

黄玖立. 2011. 对外贸易、区域间贸易与地区专业化. 南方经济，(6)：7-22.

黄玖立，李坤望. 2006. 出口开放、地区市场规模和经济增长. 经济研究，(6)：27-38.

贾俊雪，郭庆旺. 2006. 经济开放、外部冲击与宏观经济稳定——基于美国经济冲击的影响分析. 中国人民大学学报，(6)：65-73.

兰宜生. 2002. 对外开放度与地区经济增长的实证分析. 统计研究，(2)：19-22.

李锴，齐绍洲. 2011. 贸易开放、经济增长与中国二氧化碳排放. 经济研究，(11)：60-72，102.

李璐. 2016. 经济波动与最优城镇化水平和速度研究. 中国人口·资源与环境，(3)：145-152.

林毅夫，刘培林. 2004. 地方保护和市场分割：从发展战略的角度考察. 北京大学中国经济研究中心工作论文.

刘瑞明. 2012. 国有企业、隐性补贴与市场分割：理论与经验证据. 管理世界，(4)：21-32.

刘树成，张平，张晓晶. 2005. 中国的经济增长与周期波动. 宏观经济研究，(12)：15-20.

刘涛. 2005. 中国经济波动的信贷解释：增长与调控. 世界经济，(12)：24-31，80.

刘勇政，冯海波. 2011. 腐败、公共支出效率与长期经济增长. 经济研究，(9)：17-28.

卢二坡，曾五一. 2008. 转型期中国经济短期波动对长期增长影响的实证研究. 管理世界，(12)：10-23，187.

陆铭. 2007. 经济开放、地区差距与市场分割. 世界经济研究，(2)：78-79.

陆铭，陈钊. 2006. 中国区域经济发展中的市场整合与工业集聚. 上海：上海三联书店，上海人民出版社.

陆铭，陈钊. 2009. 分割市场的经济增长——为什么经济开放可能加剧地方保护？. 经济研究，(3)：42-52.

陆铭，陈钊，严冀. 2004. 收益递增、发展战略与区域经济的分割. 经济研究，(1)：54-63.

吕冰洋. 2014. 从市场扭曲看政府扩张：基于财政的视角. 中国社会科学，(12)：81-101，207.

毛捷，管汉晖，林智贤. 2015. 经济开放与政府规模——来自历史的新发现（1850-2009）. 经济研究，（7）：87-101.

毛其淋，盛斌. 2011. 对外经济开放、区域市场整合与全要素生产率. 经济学（季刊），（1）：181-210.

梅冬州，龚六堂. 2013. 开放真的导致政府规模扩大吗？——基于跨国面板数据的研究. 经济学（季刊），12（1）：243-264.

彭国华. 2007. 双边国际贸易引力模型中地区生产率的经验研究. 经济研究，（8）：123-132.

彭希哲. 2016. 中国人口：变化与未来前景//邹至庄，Perkins D H.中国经济指南. 北京：清华大学出版社：75-85.

皮建才. 2008. 中国地方政府间竞争下的区域市场整合. 经济研究，（3）：115-124.

钱先航，曹廷求，曹春方. 2015. 既患贫又患不安：编制与公共部门的收入分配研究. 经济研究，（7）：57-71.

钱学锋，余弋. 2014. 出口市场多元化与企业生产率：中国经验. 世界经济，（2）：3-27.

申琳，马丹. 2007. 政府支出与居民消费：消费倾斜渠道与资源撤出渠道. 世界经济，（11）：73-79.

申朴，刘康兵. 2003. 中国城镇居民消费行为过度敏感性的经验分析：兼论不确定性、流动性约束与利率. 世界经济，（1）：61-66.

沈坤荣，李剑. 2003. 中国贸易发展与经济增长影响机制的经验研究. 经济研究，（5）：32-40，56-92.

沈立人，戴园晨. 1990. 我国“诸侯经济”的形成及其弊端和根源. 经济研究，（3）：12-19，67.

盛斌，毛其淋. 2011. 贸易开放、国内市场一体化与中国省际经济增长：1985~2008 年. 世界经济，（11）：44-66.

宋冬林，金晓彤，刘金叶. 2003. 我国城镇居民消费过度敏感性的实证检验与经验分析. 管理世界，（5）：29-35.

宋铮. 1999. 中国居民储蓄行为研究. 金融研究，（6）：46-50，80.

孙立坚，孙立行. 2005. 对外开放和经济波动的关联性检验——中国和东亚新兴市场国家的案例. 经济研究，（6）：69-81.

孙浦阳，王雅楠，岑燕. 2011. 金融发展影响能源消费结构吗？——跨国经验分析. 南开经济研究，（2）：28-41.

唐彦东. 2011. 灾害经济学. 北京：清华大学出版社.

田青. 2011. 中国居民消费需求变迁及影响因素研究. 北京：科学出版社.

田青，高铁梅. 2009. 转轨时期我国城镇不同收入群体消费行为影响因素分析——兼谈居民消费过度敏感性和不确定性. 南开经济研究，（5）：124-134.

田巍，姚洋，余淼杰，等. 2013. 人口结构与国际贸易. 经济研究，（11）：87-99.

仝冰. 2017. 混频数据、投资冲击与中国宏观经济波动. 经济研究，（6）：60-76.

佟家栋. 2017. “一带一路”倡议的理论超越. 经济研究，（12）：22-25.

万广华，史清华，汤树梅. 2003. 转型经济中农户储蓄行为：中国农村的实证研究. 经济研究，（5）：3-12，91.
王芳. 2007. 城镇居民消费过度敏感性的统计分析. 数量经济技术经济研究，（3）：102-107.
王合绪，夏阳. 2000. 中国居民消费的过度敏感性分析. 经济科学，（4）：121-128.
王小龙，李斌. 2002. 经济发展、地区分工与地方贸易保护. 经济学（季刊），1（3）：625-638.
王小鲁. 2000. 中国经济增长的可持续性与制度变革. 经济研究，（7）：3-15，79.
王小鲁. 2016. 结构调整与中国经济增长前景//吴敬琏. 比较·2016 年第 5 辑（总第 86 辑）. 北京：中信出版社：86-104.
王小鲁，樊纲，刘鹏. 2009. 中国经济增长方式转换和增长可持续性. 经济研究，（1）：4-16.
韦倩，王安，王杰. 2014. 中国沿海地区的崛起：市场的力量. 经济研究，（8）：170-183.
徐会奇，李辉，王健宇. 2010. 农民消费综合模型的构建及实证检验. 经济科学，（1）：23-33.
徐梁. 2016. 基于中国与"一带一路"国家比较优势的动态分析. 管理世界，（2）：170-171.
徐现祥，李郇，王美今. 2007. 区域一体化、经济增长与政治晋升. 经济学（季刊），6（4）：1075-1096.
徐永胜，乔宝云. 2012. 财政分权度的衡量：理论及中国 1985—2007 年的经验分析. 经济研究，（10）：4-13.
许伟，陈斌开. 2009. 银行信贷与中国经济波动：1993—2005. 经济学（季刊），8（3）：969-994.
杨灿明，孙群力. 2008. 外部风险对中国地方政府规模的影响. 经济研究，（9）：115-121，160.
杨灿明，赵福军. 2004. 行政腐败的宏观经济学分析. 经济研究，（9）：101-109.
杨子晖. 2011. 政府规模、政府支出增长与经济增长关系的非线性研究. 数量经济技术经济研究，（6）：77-92.
易行健，王俊海，易君健. 2008. 预防性储蓄动机强度的时序变化与地区差异：基于中国农村居民的实证研究. 经济研究，（2）：119-131.
银温泉，才婉茹. 2001. 我国地方市场分割的成因和治理. 经济研究，（6）：3-12.
尹志超，甘犁. 2009. 公共部门和非公共部门工资差异的实证研究. 经济研究，（4）：129-140.
余东华，刘运. 2009. 地方保护和市场分割的测度与辨识——基于方法论的文献综述. 世界经济文汇，（1）：49，80-93.
余华义. 2015. 城市化、大城市化与中国地方政府规模的变动. 经济研究，（10）：104-118.
袁志刚. 2011. 中国居民消费前沿问题研究. 上海：复旦大学出版社.
张邦科，邓胜梁. 2012. 中国城乡居民消费的过度敏感性变异. 世界经济文汇，（5）：82-94.
张松林. 2010. 经济开放与区域市场分割形成的内在机制研究——兼论中国区域市场分割的成因. 学习与实践，（2）：19-25.
张义博. 2012. 公共部门与非公共部门收入差异的变迁. 经济研究，（4）：77-88.
张瀛. 2006. 金融市场、商品市场一体化与货币、财政政策的有效性——基于 OR 分析框架的一个模型与实证. 管理世界，（9）：13-25.

赵伟，张萃. 2009. 市场一体化与中国制造业区域集聚变化趋势研究. 数量经济技术经济研究，（2）：18-32.

赵永亮. 2011. 中国内外需求的市场潜力研究——基于工资方程的边界效应分析. 管理世界，（1）：20-29.

赵永亮，才国伟. 2009. 市场潜力的边界效应与内外部市场一体化. 经济研究，（7）：119-130.

赵永亮，徐勇. 2007. 国内贸易与区际边界效应：保护与偏好. 管理世界，（9）：37-47.

周黎安. 2004. 晋升博弈中政府官员的激励与合作——兼论我国地方保护主义和重要建设问题长期存在的原因. 经济研究，（6）：33-40.

周黎安，陶婧. 2009. 政府规模、市场化与地区腐败问题研究. 经济研究，（1）：57-69.

周业安，赵晓男. 2002. 地方政府竞争模式研究——构建地方政府间良性竞争秩序的理论和政策分析. 管理世界，（12）：52-61.

朱恒鹏，周彦. 2016. 为什么要取消事业编制//吴敬琏. 比较 · 2016 年第 5 辑（总第 86 辑）. 北京：中信出版社：108-123.

朱希伟，金祥荣，罗德明. 2005. 国内市场分割与中国的出口贸易扩张. 经济研究，（12）：68-76.

朱信凯. 2005. 流动性约束、不确定性与中国农户消费行为分析. 统计研究，（2）：38-42.

Abizadeh S. 2005. An analysis of government expenditure and trade liberalization. Applied Economics，37：1881-1884.

Acemoglu D，Johnson S，Robinson J. 2001. The colonial origins of comparative development：an empirical investigation. The American Economic Review，91：1369-1401.

Acemoglu D，Johnson S，Robinson J，et al. 2003. Institutional causes，macroeconomic symptoms：volatility，crises and growth. Journal of Monetary Economics，50：49-123.

Acemoglu D，Zilibotti F. 1997. Was Prometheus unbound by chance? Risk，diversification，and growth. Journal of Political Economy，105（4）：709-751.

Afonso A，Furceri D. 2010. Government size，composition，volatility and economic growth. European Journal of Political Economy，26（4）：517-532.

Aghion P，Angeletos G，Banerjee A，et al. 2010. Volatility and growth：credit constraints and the composition of investment. Journal of Monetary Economics，57（3）：246-265.

Aghion P，Howitt P. 1992. A model of growth through creative destruction. Econometrica，60：323-351.

Aghion P，Saint-Paul G. 1998. Virtues of bad times interaction between productivity growth and economic fluctuations. Macroeconomic Dynamics，2（3）：322-344.

Al-Qudair K H A. 2014. The Causal relationship between trade openness and government size：evidence from Saudi Arabia. http://econpapers.repec.org/paper/ekd003304/330400005.htm [2017-08-19].

Alesina A，Perotti R. 1997. The welfare state and competitiveness. The American Economic Review，87：921-939.

Alesina A，Spolaore E. 1997. On the number and size of nations. The Quarterly Journal of Economics，112（4）：1027-1056.

Alesina A，Spolaore E，Wacziarg R. 2000. Economic integration and political disintegration. The American Economic Review，90（5）:1276-1296.

Alesina A，Wacziarg R. 1998. Openness，country size and government. Journal of Public Economics，69（3）：305-321.

Altonji J G，Siow A. 1987. Testing the response of consumption to income changes with（noisy）panel data. The Quarterly Journal of Economics，102（2）：293-328.

Anderson J E，van Wincoop E. 2003. Gravity with gravitas：a solution to the border puzzle. The American Economic Review，93（1）：170-192.

Aregbeyen O，Ibrahim T M. 2014. Trade openness-government size nexus：compensation hypothesis considered for Nigeria. Journal of Reviews on Global Economics，3：364-372.

Asatryan Z，Braun S，Lechthaler W，et al. 2014. Compensating the losers of free trade. Working Paper 63，Welfare Wealth Work for Europe.

Bacchetta P，Gerlach S. 1997. Consumption and credit constraints：international evidence. Journal of Monetary Economics，40（2）：207-238.

Backus D，Kehoe P. 1992. International evidence on the historical properties of business cycles. The American Economic Review，82（4）：864-888.

Bai C E，Du Y J，Tao Z G，et al. 2004. Local protectionism and regional specialization：evidence from China's industries. Journal of International Economics，63（2）：397-417.

Balle F，Vaidya A. 2002. A regional analysis of openness and government size. Applied Economics Letters，9：289-292.

Barro R J. 2000. Inequality and growth in a panel of countries. Journal of Economic Growth，5：5-32.

Barro R J. 2001. Human capital and growth. The American Economic Review，91（2）：12-17.

Barro R J，Lee J W. 1994. Sources of economic growth. Carnegie-Rochester Conference Series on Public Policy，40：1-46.

Bejan M. 2006. Trade openness and output volatility. Working Paper 2759，Munich Personal RePEc Archive.

Benarroch M，Pandey M. 2008. Trade openness and government size. Economics Letters，101：157-159.

Benarroch M，Pandey M. 2012. The relationship between trade openness and government size：does disaggregating government expenditure matter?. Journal of Macroeconomics，34：239-252.

Bergh A，Henrekson M. 2011. Government size and growth：a survey and interpretation of the evidence. Journal of Economic Surveys，25（5）：872-897.

Blanchard O，Giavazzi F. 2006. Rebalancing growth in China：a three-handed approach. China & World Economy，14（4）：1-20.

Bleaney M，Greenaway D. 2001. The impact of terms of trade and real exchange rate volatility on investment and growth in sub-Saharan Africa. Journal of Development Economics，65：491-500.

Broda C，Weinstein D. 2006. Globalization and the gains from variety. The Quarterly Journal of Economics，121（2）：541-585.

Buch C M，Döpke J，Strotmann H. 2009. Does export openness increase firm-level output volatility?. The World Economy，32（4）：531-551.

Caballero R J. 1990. Consumption puzzles and precautionary savings. Journal of Monetary Economics，25（1）：113-136.

Calderón C，Schmidt-Hebbel K. 2008. Openness and growth volatility. Working Papers 483，Central Bank of Chile.

Cameron D R. 1978. The expansion of the public economy：a comparative analysis. American Political Science Review，72：1243-1261.

Campbell J Y，Mankiw N G. 1987. Permanent income，current income，and consumption. Working Paper 2436，National Bureau of Economic Research.

Campbell J Y，Mankiw N G. 1989. Consumption，income and interest rates：reinterpreting the time series evidence. Working Paper 2924，National Bureau of Economic Research.

Campbell J Y，Mankiw N G. 1990. Permanent income，current income，and consumption. Journal of Business & Economic Statistics，8（3）：265-279.

Campbell J Y，Mankiw N G. 1991. The response of consumption to income：a cross-country investigation. European Economic Review，35（4）：723-756.

Canton E. 2002. Business cycles in a two-sector model of endogenous growth. Economic Theory，19（3）：477-492.

Cavallo E A. 2008. Output volatility and openness to trade：a reassessment. Economía，9（1）：105-152.

Chamon M，Liu K，Prasad E. 2013. Income uncertainty and household savings in China. Journal of Development Economics，105：164-177.

Chen B，Lu M，Zhong N. 2015. How urban segregation distorts Chinese migrants' consumption?. World Development，70：133-146.

Chen M，Gui Q H，Lu M，et al. 2007. Economic opening and domestic market integration//Garnaut R，Li G S. China：Linking Markets for Growth. Canberra：Asia Pacific Press：369-393.

Coase R H，Wang N. 2012. How China Became Capitalist. New York：Palgrave Macmillan.

Dawson J W, Stephenson E F. 1997. The link between volatility and growth: evidence from the States. Economics Letters, 55 (3): 365-369.

Dejuan J, Luengo-Prado M. 2006. Consumption and aggregate constraints: international evidence. Oxford Bulletin of Economics and Statistics, 68 (1): 81-99.

Deng S L, Jin X T. 2008. Excess sensitivity of consumption: an empirical analysis of urban residents in China. International Journal of Emerging Markets, 3 (4): 378-389.

Devereux M B, Smith G W. 1994. International risk sharing and economic growth. International Economic Review, 35 (3): 535-550.

di Giovanni J, Levchenko A A. 2009. Trade openness and volatility. The Review of Economics and Statistics, 91 (3): 558-585.

Down I. 2007. Trade openness, country size and economic volatility: the compensation hypothesis revisited. Business and Politics, 9 (2): 1-20.

Drakos K. 2002. Myopia, liquidity constraints, and aggregate consumption: the case of Greece. Journal of Economic Development, 27 (1): 97-105.

Dreher A, Sturm J E, Ursprung H W. 2008. The impact of globalization on the composition of government expenditures: evidence from panel data. Public Choice, 134: 263-292.

Easterly W, Islam R, Stiglitz J E. 2001a. Shaken and stirred: explaining growth volatility//Pleskovic B, Stern N. Annual World Bank Conference on Development Economics. Washington DC: World Bank: 191-212.

Easterly W, Islam R, Stiglitz J E. 2001b. Volatility and macroeconomic paradigms for rich and poor countries//Jacques H D. Advances in Macroeconomic Theory. New York: Palgrave: 352-372.

Epifani P, Gancia G. 2009. Openness, government size and the terms of trade. Review of Economic Studies, 76 (2): 629-668.

Epifani P, Gancia G. 2011. Trade, markup heterogeneity and misallocations. Journal of International Economics, 83 (1): 1-13.

Fan C S, Wei X D. 2006. The law of one price: evidence from the transitional economy of China. Review of Economics and Statistics, 88 (4): 682-697.

Fatás A, Mihov I. 2003. The case for restricting fiscal policy discretion. The Quarterly Journal of Economics, 118 (4): 1419-1447.

Flavin M A. 1981. The adjustment of consumption to changing expectations about future income. Journal of Political Economy, 89 (5): 974-1009.

Flavin M A. 1985. Excess sensitivity of consumption to current income: liquidity constraints or myopia?. Canadian Journal of Economics, 18 (1): 117-136.

Frankel J A, Romer D. 1999. Does trade cause growth?. The American Economic Review, 89 (3): 379-399.

Freenstra R C. 1994. New product varieties and the measurement of international prices. The American Economic Review，84（1）：157-177.

Fujii E. 2015. Government size，trade openness，and output volatility：a case of fully integrated economies. Working Paper 5563，The International Platform of Ludwig-Maximilians University's Center for Economic Studies and the Ifo Institute.

Fukao K，Otaki M. 1993. Accumulation of human capital and the business cycle. Journal of Political Economy，101（1）：73-99.

Furceri D，Karras G. 2007. Country size and business cycle volatility：scale really matters. Journal of the Japanese and International Economies，21：424-434.

Furceri D，Karras G. 2008. Business cycle volatility and country size：evidence for a sample of OECD country. Economics Bulletin，5（3）：1-7.

Garen J，Trask K. 2005. Do more open economics have bigger governments? Another look. Journal of Development Economics，77：533-551.

Garrett G. 2001. Globalization and government spending around the world. Studies in Comparative International Development，35（4）：3-29.

Garrett G，Mitchell D. 2001. Globalization，government spending and taxation in the OECD. European Journal of Political Research，39：145-177.

Gemmell N，Kneller R，Sanz I. 2008. Foreign investment，international trade and the size and structure of public expenditures. European Journal of Political Economy，24（1）：151-171.

Georgantopoulos A G. 2013. The impact of globalization on government size：causality and policy implications for the case of Greece. International Research Journal of Finance and Economics，105：138-148.

Ghosh A R，Ostry J. 1994. Export instability and the external balance in developing countries. Staff Papers-International Monetary Fund，41：214-235.

Glaeser E L，la Porta R，Lopez-de-Silanes F，et al. 2004. Do Institutions cause growth?. Journal of Economic Growth，9：271-303.

Grier K B，Tullock G. 1989. An empirical analysis of cross-national economic growth，1951-1980. Journal of Monetary Economics，24：259-276.

Guillaumont J S，Hua P. 2004. Why do more open Chinese provinces have bigger governments?. Review of International Economics，12（3）：525-542.

Haddad M E，Lim J J，Pancaro C，et al. 2013. Trade openness reduces growth volatility when countries are well diversified. Canadian Journal of Economics，46（2）：765-790.

Haddad M E，Lim J J，Saborowski C. 2010. Managing openness and volatility：the role of export diversification. The World Bank Other Operational Studies.

Hall R E. 1978. Stochastic implications of the life cycle-permanent income hypothesis: theory and evidence. Journal of Political Economy, 86 (6): 971-987.

Hanslin S. 2008. The effect of trade openness on optimal government size under endogenous firm entry. Socioeconomic Institute Working Paper 802, University of Zurich.

Hayashi F. 1982. The permanent income hypothesis: estimation and testing by instrumental variables. Journal of Political Economy, 90 (5): 895-916.

Head A C. 1995. Country size, aggregate fluctuations and international risk sharing. Canadian Journal of Economics, 28 (4b): 1096-1119.

Helpman E, Krugman P. 1985. Market Structure and Foreign Trade. Cambridge: MIT Press.

Héricourt J, Poncet S. 2009. FDI and credit constraints: firm-level evidence from China. Economic Systems, 33: 1-21.

Ibrahim T M. 2015. The causal link between trade openness and government size: evidence from the five largest economies in Africa. International Journal of Business and Economic Sciences Applied Research, 8 (1): 121-136.

Im K S, Pesaran M H, Shin Y. 2003. Testing for unit roots in heterogeneous panels. Journal of Econometrics, 115: 53-74.

Irwin D, Tervio M. 2002. Does trade raise income?: Evidence from the twentieth century. Journal of International Economics, 58 (1): 1-18.

Islam M Q. 2004. The long run relationship between openness and government size: evidence from bounds test. Applied Economics, 36 (9): 995-1000.

Iversen T, Cusack T R. 2000. The causes of welfare state expansion: deindustrialization or globalization?. World Politics, 52 (3): 313-349.

Jappelli T, Pagano M. 1989. Consumption and capital market imperfections: an international comparison. The American Economic Reviews, 79 (5): 1088-1105.

Jetter M. 2014. Volatility and growth: governments are key. European Journal of Political Economy, 36: 71-88.

Jetter M, Nikolsko-Rzhevskyy A, Smith W T. 2013. The effects of wage volatility on growth. Journal of Macroeconomics, 37: 93-109.

Jetter M, Parmeter C F. 2015. Trade openness and bigger governments: the role of country size revisited. European Journal of Political Economy, 37: 49-63.

Jiang T. 2014. Globalization and welfare spending across 21 transitional economies. International Journal of Comparative Sociology, 55 (5): 429-453.

Karras G. 2006. Trade openness, economic size, and macroeconomic volatility: theory and empirical evidence. Journal of Economic Integration, 21 (2): 254-272.

Keynes J M. 1936. The General Theory of Employment，Interest and Money. London：Macmillan Cambridge University Press.

Khan K，Nishat N. 2011. Permanent income hypothesis，myopia and liquidity constraints：a case study of Pakistan. Pakistan Journal of Social Sciences，31（2）：299-307.

Kimakova A. 2009. Government size and openness revisited：the case of financial globalization. Kyklos，62（3）：394-406.

Kormendi R，Meguire P. 1985. Macroeconomic determinants of growth：cross-country evidence. Journal of Monetary Economics，16：141-163.

Kose M A，Prasad E S，Terrones M E. 2006. How do trade and financial integration affect the relationship between growth and volatility?. Journal of International Economics，69（1）：176-202.

Kreinin M E. 2010. International Economics：A Policy Approach. London：Pearson Custom Publishing.

Kueh J，Puah C H，Wong C M. 2008. Bounds estimation for trade openness and government expenditure nexus of ASEAN-4 countries. Working Paper 12351，Munich Personal RePEc Archive.

Lardy N R. 2012. Sustaining China's Economic Growth after the Global Financial Crisis. Washington DC：Peterson Institute.

Levine R，Renelt D. 1992. A sensitivity analysis of cross-country growth regressions. The American Economic Review，82（4）：942-963.

Li H Y，Xu L C，Zou H F. 2000. Corruption，income distribution and growth. Economics & Politics，12（2）：155-182.

Li J，Qiu L D，Sun Q Y. 2003. Interregional protection：implications of fiscal decentralization and trade liberalization. China Economic Review，14（3）：227-245.

Liberati P. 2007. Trade openness，capital openness and government size. Journal of Public Policy，27（2）：215-247.

Liberati P. 2013. Government size and trade openness：some additional insights. Research in World Economy，4（2）：12-17.

Lin F，Li B，Sim N C S. 2014. Trade openness and government size of small developing countries. Economics of Transition，22（4）：783-808.

Lin J Y. 2013. Demystifying the Chinese economy. Australian Economic Review，46（3）：259-268.

Loayza N V，Raddatz C. 2007. The structural determinants of external vulnerability. The World Bank Economic Review，21（3）：359-387.

Luo C L. 2007. Precautionary motivation and consumption insurance: empirical analysis of household consumption behavior in rural China. Frontiers of Economics in China, 2 (1): 137-150.

Madsen J B, McAleer M. 2000. Direct tests of the permanent income hypothesis under uncertainty, inflationary expectations and liquidity constraints. Journal of Macroeconomics, 22(2): 229-252.

Mankiw N G, Romer D, Shapiro M D. 1985. An unbiased reexamination of stock market volatility. Journal of Finance, 40 (3): 677-687.

Martin P, Rogers C A. 2000. Long-term growth and short-term economic instability. European Economic Review, 44 (2): 359-381.

McCallum J. 1995. National borders matter: Canada-U.S. regional trade patterns. The American Economic Review, 85 (3): 615-623.

Meng X. 2003. Unemployment, consumption smoothing, and precautionary saving in urban China. Journal of Comparative Economics, 31 (3): 465-485.

Mills T C. 2000. Business cycle volatility and economic growth: a reassessment. Journal of Post Keynesian Economics, 23 (1): 107-116.

Mirestean A, Tsangarides C. 2009. Growth determinants revisited. Working Paper 268, International Monetary Fund.

Mirman L J. 1971. Uncertainty and optimal consumption decisions. Econometrica, 39 (1): 179-185.

Molana H, Montagna C, Violato M. 2004. On the causal relationship between trade openness and government size: evidence from 23 OECD countries. Working Paper 164, Department of Economic Studies, University of Dundee.

Mujahid H, Alam S, Bilgrami N. 2015. Trade liberalization, economic size and macroeconomic volatility: empirical evidence from Pakistan. Economic Studies, (3): 156-169.

Nahidi M M, Parvizkhanlou K J, Badri A K. 2013. An impact of trade and financial-openness on government size: a case study for ECO. International Journal of Advanced Studies in Humanities and Social Science, 1 (8): 1013-1017.

Naughton B J. 1995. Growing Out of the Plan: Chinese Economic Reform 1978-1993. Cambridge: Cambridge University Press.

Naughton B J. 2003. How much can regional integration do to unify China's markets?//Nicholas C H, Dennis Y, Mu Y L. How Far Across the River? Chinese Policy Reform at the Millennium. Stanford: Stanford University Press: 204-232.

Nelson C R. 1987. A reappraisal of recent tests of the permanent income hypothesis. Journal of Political Economy, 95 (3): 641-646.

Normandin M. 1994. Precautionary saving: an explanation for excess sensitivity of consumption. Journal of Business & Economic Statistics, 12 (2): 205-219.

Norrbin S C，Yigit F P. 2005. The robustness of the link between volatility and growth of output. Review of World Economics，141：343-356.

Nwaka I D，Onifade S T. 2015. Government size，openness，and income risk nexus：new evidence from some African countries. Working Paper 56，African Governance and Development Institute.

Oikawa K. 2010. Uncertainty-driven growth. Journal of Economic Dynamics and Control，34（5）：897-912.

Ostergaard C，Sørensen B E，Yosha O. 2002. Consumption and aggregate constraints：evidence from U.S. states and Canadian provinces. Journal of Political Economy，110（3）：634-645.

Patrick E. 2008. Financial integration and macroeconomics volatility：does financial development matter?. Working Paper 12738，Munich Personal RePEc Archive.

Petrou K. 2014. Government size and trade openness using Bayesian model average. Department of Economics，University of Cyprus.

Poncet S. 2003. Measuring Chinese domestic and international integration. China Economic Review，14（1）：1-21.

Poncet S. 2005. A fragmented China：measure and determinants of Chinese domestic market disintegration. Review of International Economics，（3）：409-430.

Posch O，Wälde K. 2011. On the link between volatility and growth. Journal of Economic Growth，16（4）：285-308.

Ram R. 2009. Openness country size and government size：additional evidence from a large cross-country panel. Journal of Public Economics，93：213-218.

Ramey G，Ramey V. 1995. Cross-country evidence on the link between volatility and growth. The American Economic Review，85（5）：1138-1151.

Ravn M O，Uhlig H. 2002. On adjusting the Hodrick-Prescott filter for the frequency of observations. Review of Economics and Statistics，84（2）：371-376.

Razin A，Rose A. 1992. Business cycle volatility and openness：an exploratory cross-section analysis. Working Paper 4208，National Bureau of Economic Research.

Riskin C. 1987. China's Political Economy：The Quest for Development Since 1949. Oxford：Oxford University Press.

Rodrik D. 1998. Why do more open economies have bigger governments?. Journal of Political Economy，106（5）：997-1032.

Ruggie J G. 1982. International regimes，transactions，and change：embedded liberalism in the postwar economic order. International Organization，36（2）：379-415.

Runkle D E. 1991. Liquidity constraints and the permanent-income hypothesis：evidence from panel data. Journal of Monetary Economics，27（1）：73-98.

Saint-Paul G. 1993. Productivity growth and the structure of the business cycle. European Economic Review，37（4）：861-883.

Salahmanesh A，Moradi M. 2014. Do country size and trade openness affect OPEC's volatility?. Research Journal of Finance and Accounting，5（23）：115-123.

Sanz I，Coma F M，Steinberg F. 2008. Does social spending increase support for free trade in advanced democracies?. Documentos de Trabajo Funcas.

Sáenz E，Sabaté M，Gadea M D. 2013. Trade openness and public expenditure：the Spanish case，1960-2000. Public Choice，154：173-195.

Shahbaz M，Rehman H U，Amir N. 2010. The impact of trade and financial-openness on government size：a case study of Pakistan. Journal of Quality and Technology Management，6（1）：105-118.

Shaheen S，Kousar R，Naveed T A. 2012. Impact of trade liberalization on the government consumption expenditures of Pakistan. Journal of Asian Development Studies，1（2）：45-50.

Shea J. 1995. Myopia，liquidity constraints，and aggregate consumption：a simple test. Journal of Money，Credit and Banking，27（3）：798-805.

Shelton C A. 2007. The size and composition of government expenditure. Journal of Public Economics，91：2230-2260.

Solow R M. 1997. Is there a core of usable macroeconomics we should all believe in?. The American Economic Review，87（2）：230-232.

Speight A. 1999. UK output variability and growth：some further evidence. Scottish Journal of Political Economy，46：175-184.

Wagner A. 1893. Grundlegung der Politischen Oekonomie. 3rd ed. Leipzig：C. F. Winter'sche Verlagshandlung.

Walter S. 2010. Globalization and the welfare state：testing the microfoundations of the compensation hypothesis. International Studies Quarterly，54：403-426.

Wang P F，Wen Y. 2011. Volatility，growth，and welfare. Journal of Economic Dynamics and Control，35（10）：1696-1709.

Warsh D. 2006. Knowledge and the Wealth of Nations：A Story of Economic Discovery. New York：W. W. Norton & Company.

Wastson M. 2007. How accurate are real-time estimates of output trends and gaps?. Economic Quarterly，93（2）：143-161.

Wei S J. 1996. Intra-national versus international trade：how stubborn are nations in global integration?. Working Paper 5531，National Bureau of Economic Research.

Wei S J，Wu Y. 2001. Globalization and inequality：evidence from within China. Working Paper 8611，National Bureau of Economic Research.

Wei S J，Zhang X B. 2011. The competitive saving motive：evidence from rising sex ratios and savings rates in China. Journal of Political Economy，119（3）：511-564.

Weinberg B. 2001. Long-term wage fluctuations with industry-specific human capital. Journal of Labor Economics，19（1）：231-264.

Wilcox D W. 1989. Social security benefits，consumption expenditure，and the life cycle hypothesis. Journal of Political Economy，97（2）：288-304.

Wooldridge J M. 2002. Econometric Analysis of Cross Section and Panel Data. Cambridge：MIT Press.

Wu A M，Lin M. 2012. Determinants of government size：evidence from China. Public Choice，151：255-270.

Xu X P. 2002. Have the Chinese provinces become integrated under reform?. China Economic Review，13（2/3）：116-133.

Xu X P. 2009. Consumption and aggregate constraints：new evidence from Chinese provinces. Applied Economics Letters，16：481-484.

Young A. 2000. The razor's edge：distortions and incremental reform in the People's Republic of China. The Quarterly Journal of Economics，115（4）：1091-1135.

Zakaria M，Shakoor S. 2011. Relationship between government size and trade openness：evidence from Pakistan. Transition Studies Review，18：328-341.

Zeldes S P. 1989. Optimal consumption with stochastic income：deviations from certainty equivalence. The Quarterly Journal of Economics，104（2）：275-298.